Heide-Renate Döringer

Der Erste Kaiser von China

Mythen, Märchen und Legenden

um den sagenumwobenen Qin Shihuangdi

BOOKS on DEMAND (BoD)

© 2016 Heide-Renate Döringer
Alle Rechte vorbehalten

Buch- und Umschlaggestaltung
Manfred Brand, Berlin

Herstellung und Verlag
BoD - Books on Demand, Norderstedt
ISBN 978-3-7412-5139-9

Bibliografische Informationen
der Deutschen Nationalbibliothek
www.dnb.de

Für Benet

<Sind keine Vögel mehr da,

legt man den Bogen beiseite.

Sind die schlauen Hasen ausgerottet,

muss der Jagdhund geschossen werden.

Wird das feindliche Reich besiegt, ist es besser,

seine verdienstvollen Männer kommen zu Tode.>

(Aus dem Shi Ji des Sima Qian, 91 v. Chr.)

Inhaltsangabe

I. Vorwort — 11

    Geschichtsschreibung — 14

    Sima Qian und das Shi Ji — 14

    Archäologische Funde — 17

    Grabstätte des Beamten Xi — 17

    Die Terrakotta-Armee — 18

II. Familienverhältnisse und Intrigen — 23

    Landkarte — 23

    Yiren und Lü Buwei — 23

    Yirens Flucht aus Zhao — 26

III. Auf dem Weg zur Macht — 29

    Der Knabenkönig und seine Berater — 29

    König Zheng von Qin — 34

Militärische Siege und Bedrohungen	45

IV. Der Erste Kaiser Qin Shihuangdi — 51

Einigung des Reiches und Reformen	52
Inspektionsreisen	65
Die Suche nach Unsterblichkeit	84
Die Bücherverbrennung	87
Tod der Gelehrten	91
Die Große Mauer	93
In der Hauptstadt Xianyang	102
Die letzte Reise	108

V. Die Nachfolge — 117

Hu Hai - Der Zweite Kaiser	117
Zi Ying - Herrscher für 46 Tage	123
Das Ende der Qin-Dynastie	124

Anhang

Nachwort   128

Personenverzeichnis   130

Zeitlinie der Qin-Dynastie   132

Quellenverzeichnis   135

Autorenporträt   139

I. Vorwort

Der Erste Kaiser von China, Qin Shihuangdi, ist jedem Chinesen bekannt, insbesondere seit im Jahre 1974 zufällig die ersten lebensgroßen Krieger der über 7000 Mann starken Terrakotta-Armee entdeckt wurden. Die Ausgrabungsstätte in der Nähe der Stadt Xi'an (Provinz Shaanxi) zählt seit 1987 zum Weltkulturerbe der UNESCO und ist eine der Haupttouristenattraktionen sowohl für Chinesen als auch für Besucher aus allen Teilen der Welt.

Ich wurde auf Qin Shihuangdi erstmals aufmerksam, als ich im Jahre 2007 eine Rundreise durch China machte und wir einen Aufenthalt in Xi'an einlegten. Natürlich stand die Terrakotta-Armee auf dem Programm, und abgesehen von dem sensationellen Fund beeindruckte mich damals am meisten, dass Bauer Yang, jener Mann, der die tönernen Soldaten entdeckt hatte, persönlich im dunklen Anzug und weißen Hemd im Souvenirladen saß und die Bücher „Die Macht im Tod – Die Terrakotta-Armee des Ersten Kaisers der Qin-Dynastie" signierte. Während meiner Lehrtätigkeit an der Fremdsprachenuniversität Xi'an im Frühjahr 2008 fuhr ich natürlich wie im Jahr zuvor zum Museum hinaus, das nicht weit von der Stadt entfernt liegt. Wiederum war ich fasziniert von den Artefakten, die zum größten archäologischen Fund des 20. Jahrhunderts gehören. Schließlich reisten die Nachbildungen der Soldaten auch um die Welt, und wenn sie sich in erreichbarer Nähe befanden, dann stattete ich ihnen einen Besuch ab, zum Beispiel in Weilburg/Hessen 2013 und in Nürnberg/Bayern 2015. Diese Begegnungen bestärkten mich in meinem Vorhaben, mehr über den Ersten Kaiser zu erfahren. Ich sammelte daraufhin Geschichten aus den Werken verschiedener internationaler Wissenschaftler, Archäologen, Sinologen und Schriftsteller und fügte sie so zusammen, dass ein Bild vom Leben und Wesen des Gründers der Qin-Dynastie entstehen konnte. Die fettgedruckten Texte sind eine Wiedergabe dieser Legenden und beruhen auf meiner Auswertung der zahlreichen Quellen.

Qin Shihuangdi lebte im 3. vorchristlichen Jahrhundert, von 259 bis 210 v. Chr., und gilt als der Gründer der Qin-Dynastie und eines geeinten China. Er gab dem Land seinen Namen und die am längsten während Regierungsform der Welt, das „Chinesische Kaiserreich", das bis 1912 bestehen blieb. Die Gründung des Reichs gelang ihm, da er ein ausgezeichneter Stratege war und seine bestens geschulten und ausgestatteten Armeen die Nachbarstaaten der Streitenden Reiche im Laufe von nur neun Jahren gnadenlos besiegten. Danach schaffte er das Feudalsystem ab, gliederte das Reich in Distrikte und siedelte alle geschlagenen Könige mit ihren Familien in die Hauptstadt um. Während seiner Regierungszeit veranlasste er, dass Schrift, Maße und Geld vereinheitlicht und Straßen, Paläste, sein Mausoleum und die Große Mauer gebaut wurden. Es starben Millionen Menschen als Soldaten, als Arbeiter oder Verurteilte. Der Lehre des Legalismus entsprechend herrschten strenge Gesetze und unmenschliche Strafen wurden verhängt. So wird Qin Shihuangdi schon während seiner Lebzeiten als fast gottgleicher Kaiser, gleichzeitig aber auch als furchteinflößender Tyrann gesehen.

Die wichtigsten Aussagen über die Qin-Dynastie finden sich in den Aufzeichnungen von Sima Qian (geb. 145 v. Chr.), dem bedeutendsten Historiker Chinas. Von ihm wird Qin Shihuangdi als ein intelligenter, harter, machtbesessener, jähzorniger, menschenscheuer, getriebener Mann beschrieben. Was wir heute über die Gesetzgebung zu Zeiten des Ersten Kaisers wissen, stammt aus einem Grabfund in der Provinz Hubei im Jahre 1975.

Anhand historischer Quellen, Sagen und Legenden, die in der Literatur weitläufig beschrieben sind, sowie Überlieferungen aus dem Volksmund entsteht ein Bild vom Leben des Ersten Kaisers und der Menschen in China im 3. Jahrhundert vor Christus.

Geschichtsschreibung

Sima Qian und das Shi Ji

Da während der Regierungszeit des Ersten Kaisers eine große Bücherverbrennung stattfand und Hunderte von Schriftgelehrten ums Leben kamen, gibt es nur wenige historische Quellen. Die wichtigsten Aussagen über die Qin-Dynastie und Qin Shihuangdi finden sich in den schon erwähnten Aufzeichnungen von Sima Qian.

Portrait von Sima Qian aus der chinesischen Enzyklopädie
„Bildnisse der Drei Reiche"; erschienen 1609

Sima Qian wurde um 145 v. Chr. geboren. Als Hofastrologe des Han-Kaisers Wudi (140-87 v. Chr.) in Chang'an schrieb er sein monumentales Werk **Shi Ji** (Berichte des Großhofschreibers). In 130 Kapiteln verfasste er einen Überblick über die damals mehr als 2000-jährige chinesische Geschichte vom legendären Gelben Kaiser bis hin zu Kaiser Wudi, dem bekanntesten Regenten der Han-Dynastie. Es ist eine brillante Synthese aus mündlichen und schriftlichen Überlieferungen, an der sich spätere Geschichtsschreiber orientiert haben. Vieles, was wir über den Ersten Kaiser wissen, basiert auf diesen Schriften von Sima Qian. Dabei darf nicht vergessen werden, dass der Historiker erst 100 Jahre nach dem Reichsgründer sein Werk verfasste. Auch gibt es heute Überlegungen, dass er, indem er den Ersten Kaiser als einen brutalen Tyrannen beschrieb, insgeheim auf seinen eigenen Kaiser Wudi hinweisen wollte, der nicht viel anders regierte als der Erste Kaiser, an dessen Verhalten jedoch keine Kritik geübt werden durfte. Die Biografie des Geschichtsschreibers Sima Qian ist äußerst interessant.

Ein Schriftgelehrter

Sima Qian entstammt einer niederen Adelsfamilie aus dem heutigen Sichuan und erregt mit schönen Gedichten Aufmerksamkeit. Er folgt dem Beruf seines Vaters und wird Historiker und Astrologe am Hof des Han-Kaisers Wudi. Um Informationen über die Geschichte zu sammeln, reist er im Land umher. Da begegnet er eines Tages der erst kürzlich verwitweten Frau eines reichen Geschäftsmannes. Beide verlieben sich ineinander und fliehen, denn eine solche Verbindung ist ein Skandal. In Ungnade gefallen verarmt das Paar, aber der Vater Qians vergibt ihnen und unterstützt sie finanziell.

Bald jedoch kommt Sima Qian schon wieder in Schwierigkeiten. Er wagt es, Li Ling, einen General, zu verteidigen, der aufgrund seiner Kapitulation und Niederlage bei einem Feldzug verurteilt und in den Norden verbannt worden ist. Die kaiserliche Familie sieht das Verhalten des Hofschreibers als Affront an und Sima Qian wird mit einer hohen Geldstrafe belegt. Falls er nicht in der Lage ist zu zahlen, soll er kastriert werden. Nun verlangt es die Tradition, dass ein Mann seiner Klasse in solcher Situation Selbstmord begeht, um diese Erniedrigung nicht erleiden zu müssen. Doch Sima Qian nimmt die Strafe und daraus folgend den Posten eines Haremsbeamten an, damit er sein Geschichtswerk, das „Shi Ji", vollenden kann.

Archäologische Funde

Die Grabstätte des Beamten Xi

Ende 1975 entdeckten Archäologen im Kreis Yunmeng (Hubei) das Grab eines Qin-zeitlichen Beamten namens Xi. Er gehörte der Lokalverwaltung an und muss etwa von 262-217 v. Chr. gelebt haben. Sein Sarg war mit rund 1150 Bambustäfelchen gefüllt, auf denen verschiedene juristische Texte verzeichnet sind, unter ihnen Überprüfungsvorschriften und Aufzeichnungen wichtiger Militärangelegenheiten, Prozessdokumente und strafrechtliche Anordnungen. Letztere belegen, dass die Strafen grausam waren. Der Tod konnte erfolgen durch Köpfen, Auseinanderreißen des Körpers mit Pferdewagen, Kochen in heißem Wasser oder Vierteilen. Kleinere Vergehen wurden mit Verbannung, mit Verstümmlung – vorwiegend Amputation der Nase, der Ohren, eines Fußes oder gar beider Füße – oder Tätowierungen geahndet.

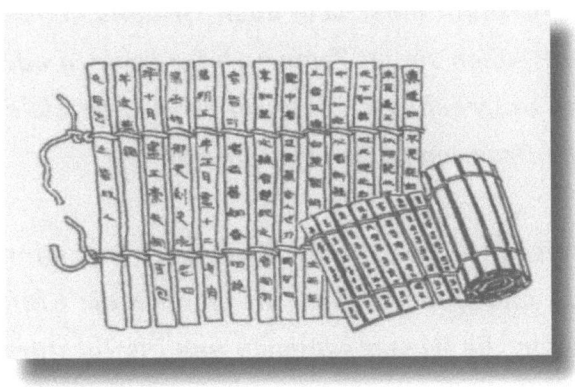

Bambustäfelchen

Die Terrakotta-Armee

Der bedeutendste archäologische Fund des 20. Jahrhunderts ist jedoch die Entdeckung der Soldaten des Ersten Kaisers. So soll es sich zugetragen haben:

Ein neuer Brunnen?

Im Frühjahr des Jahres 1974 wird das Zentrum der Provinz Shaanxi von einer großen Dürre heimgesucht. Im Dorf Xi Yang nahe der Kreisstadt Lintong machen sich die sechs Brüder der Familie Yang, alle zwischen vierzig und fünfzig Jahre alt, Sorgen um die Ernte. Wenn es nicht bald regnet, werden ihre Dattelpflaumen- und Granatapfelbäume nicht genug Früchte tragen, um die Familien durch den Winter zu bringen. Am Abend sitzen die Männer deshalb unter dem alten Granatapfelbaum und beratschlagen: Sollen sie im Tempel Opfer bringen oder sollen sie selbst etwas unternehmen? Schließlich einigen sie sich darauf, einen neuen Brunnen zu bauen. Nur wo?

Yang Peiyan, der älteste der Brüder, schaut zum nahegelegenen Berg Li und spricht: „Seht ihr da oben die Kluft im Hang? Wenn sich dort die Wasser sammeln und ins Tal stürzen, müssen wir nur dem imaginären Lauf folgen, um die richtige Stelle zu finden." Zusammen bestimmen sie den geeigneten Platz und be-

ginnen am nächsten Morgen zu graben. Die Grube soll ca. vier Meter im Quadrat groß sein, da sie wissen, dass sie tief gehen müssen, um auf Wasser zu stoßen.

Anfangs verläuft alles wie vorausgesehen. Um 12 Uhr Mittag haben sie schon einen Meter ausgehoben, da trifft die Schaufel plötzlich auf eine Schicht hartgebackener roter Erde. „Was ist das denn?", fragt einer der Brüder erstaunt. „Ist es vielleicht ein alter Brennofen?" Diese Annahme liegt nahe, denn seit mehr als 2000 Jahren werden im Wei-Tal Töpferwaren gebrannt. Wenn es nun wirklich ein Brennofen ist, so muss man auch durch das Dach kommen können. Also beschließen sie weiter zu hacken und wechseln sich bei der schweren Arbeit ab. Sie brauchen zwei Tage, um nur 30cm der harten Erde abzutragen, dann geht es leichter weiter. Die losgeschlagene Erde wird in Körben gesammelt, mit Hilfe einer Leiter nach oben gebracht und auf dem Feld ausgeschüttet. Die darin enthaltenen kleinen Terrakottastückchen interessieren niemanden.

Am 29. März 1974 trifft Yang Zhefa beim Graben auf einen großen tönernen Gegenstand. Zuerst glaubt er, es sei ein Gefäß, das man gut zum Aufbewahren von Getreide verwenden könne, und er freut sich. Doch als er eifrig weitergräbt, entdeckt er, dass es ein Torso ist, zu dem sich auch noch ein Kopf findet, aus dem ihn zwei Augen anstarren. Entsetzt ruft er seinen Brüdern zu: „Das ist hier kein Brennofen, sondern ein Tempel! Hier liegen die Überreste eines Erdgottes!"

Die Männer schlottern vor Angst, beschließen aber nichts über den Fund verlauten zu lassen, sondern weiter zu graben, denn sie brauchen ja Wasser. So kommt aller Aushub weiterhin auf das Feld. Dort haben sich inzwischen Kinder versammelt, um zuzuschauen und nach Schätzen zu suchen. Die Grube ist mittlerweile schon 5m tief, und es finden sich im Abraum nicht nur Tonscherben, sondern auch bronzene Pfeilspitzen und metallene Abzugsmechanismen von Armbrüsten. Die Jugendlichen sind besonders auf das Metall erpicht, das sie in das zwei Kilometer entfernte Dorf Dai Wang bringen, wo sie es als Altmetall verkaufen.

Die Yang-Brüder aber entdecken für sich Backsteine, deren Alter und Wert sie ungefähr einschätzen können. Sie erinnern sich nämlich daran, dass ihr Vater in den 1920er Jahren ähnliche Steine aus der Zeit der Qin-Dynastie auf dem Feld gefunden hat, für die er schnell Abnehmer fand. Alle diese Steine hatten die gleiche Form wie die soeben gefundenen, und auf ihnen war der Name des Brennofens in alten Schriftzeichen eingebrannt. Das waren damals echte Glücksbringer geworden, denn reiche Leute kauften sie gerne. Sie benutzten die Backsteine als Kopfkissen und glaubten, diese kühlten das Blut, verbesserten das Augenlicht, brächten Reichtum und Erfolg und verlängerten das Leben.

Mit diesem Wissen bieten die Brüder die Backsteine zum Verkauf an und innerhalb von zwei Wochen sind alle weg, auch die Scherben und das Metall sind verschwunden.

Die Yang-Brüder fahren mit dem Graben fort, sind jedoch nicht begierig darauf, über die seltsamen und vielleicht Unglück bringenden Funde aus ihrem Feld zu sprechen. Dennoch soll sich ihr Leben fortan von Grund auf ändern. Im landwirtschaftlichen Kader hört man von dem Fund und beauftragt Herrn Zhao Kangmin, den Leiter des Museums in Lintong, sich an Ort und Stelle umzusehen. Der archäologisch geschulte Mann erkennt sofort die Bedeutung des Fundes und stoppt die Grabung.

Der Rest ist Geschichte, denn seit jener Zeit befassen sich unzählige Wissenschaftler, Historiker und Archäologen mit der Anlage. Der heutige Stand der Untersuchungen ist folgender:

Die Terrakotta-Armee war in insgesamt vier Gruben aufgestellt. In Grube 1 befand sich die Hauptarmee in Schlachtstellung mit vermutlich mehr als 6000 Figuren, die in Reihen von jeweils vier Soldaten in elf Korridoren angeordnet waren. Darunter befinden sich auch vierspännige Kriegswagen. Grube 2 enthielt über 1000 Figuren der Kavallerie, Infanterie sowie Pferde und 90 Wagen. Grube 3 stellte mit nur 70 Figuren und einem Wagen vermutlich den Kommandoposten dar. Eine vierte Grube blieb unvollendet und ohne Figuren. Alle Figuren unterscheiden sich durch Kleidung, Waffen, Haltung und Kopfputz und zeigen damit verschiedenste militärische Ränge vom einfachen Soldaten bis zum Kommandeur.

Die Terrakotta-Armee ist aufwändig restauriert worden und als Museum und Weltkulturerbe heute jedermann zugänglich. Tausende Touristen bestaunen täglich dieses Bauwunder im einst beschaulichen, grünen Tal des Wei-Flusses. Sie fragen sich: „Wie konnte so etwas vor knapp 2500 Jahren entstehen?" und „Wer war dieser Herrscher, der dafür verantwortlich ist?"

II. Familienverhältnisse und Intrigen

Yiren und Lü Buwei

Ying Zheng, der spätere Erste Kaiser, wird im Jahr 259 v. Chr. in Handan, der Hauptstadt des Reiches Zhao, in eine kriegerische Welt geboren. Es ist die Zeit der Streitenden Reiche (475-221 v. Chr.), in der ein dauernder Zwist um die Vorherrschaft zwischen den mächtigen Feudalstaaten Han, Zhao, Wei, Chu, Yan, Qi und Qin mit blutigen Kriegen ausgetragen wird. Zur gleichen Zeit spielen sich an den verschiedenen Höfen Intrigen und Machtspiele um Thron und Nachfolge ab.

Ying Zhengs Vater ist **Yiren,** der jüngste Sohn des Königs vom Staate Qin, der sich als Geisel am Hof Zhao aufhält. Dort trifft er **Lü**

Buwei (290-235 v. Chr.) einen wohlhabenden, einflussreichen und ehrgeizigen Kaufmann, dessen höchstes Handelsgut Pferde sind, die er dem König des Staates Zhao verkauft. Lü Buwei ist nicht zufrieden mit seiner Stellung als Kaufmann, einem Beruf niedrigster Klasse, und sieht eine Chance, mit Hilfe des Prinzen Yiren Macht und Ansehen zu erlangen. Im historischen Dokument *Zhan Guo Ce (Strategies of the Warring States)* heißt es:

Als Lü Buwei in seine Heimatstadt Handan zurückkehrt, fragt er seinen Vater: „Wie groß ist der Gewinn, wenn ich in Landwirtschaft investiere?" Die Antwort lautet: „Zehn mal das Investment!" – „Und wie groß bei Perlen und Jade?"– „Hundert mal!" –„Und wie viel würde ich gewinnen, wenn ich einem Herrscher auf den Thron verhelfen würde und den Staat sicherte?" Der Vater spricht: „Das ist unkalkulierbar." Da überlegt Lü Buwei: „Wenn ich all meine Energie in die Feldarbeit steckte, würde ich nicht genug verdienen, um mich anständig zu ernähren und zu kleiden. Wenn ich aber einen Staat sichere und ihm zu einem guten Herrscher verhelfe, werden noch die kommenden Generationen davon profitieren. Ich werde mich um den Prinzen kümmern."

Zielstrebig verfolgt der Kaufmann nun seinen Plan.

Das Komplott

Lü Buwei freundet sich mit dem Prinzen an und manipuliert ihn. Eines Tages verwickelt er ihn in das entscheidende Gespräch: „Höre, Yiren, in deinem Heimatland Qin wird nach dem Tod des Königs der neue Kronprinz Anguo heißen. Man munkelt, dass der Herrscher keinen Nachfolger hat, da seine Ehefrau Huayang unfruchtbar ist. Jeder weiß jedoch, wie sehr er sie liebt, und deshalb wird er es ihr überlassen, die Wahl zu treffen. Dich aber, Yiren, Sohn einer Konkubine, hat man fast vergessen, da du hier in diesem fremden Staat als Geisel lebst. Deine Chancen auf eine Position am Hof sind daher gering, auch hast du mehr als zwanzig Brüder und bist weder der älteste noch der wohlhabendste. Ich könnte dir helfen, zurückzukehren und um die Thronfolge zu kämpfen.

Mein Plan ist folgender: Du schmeichelst dich bei der Dame Huayang ein und überzeugst sie davon, dass du ehrlich und aufrichtig und überhaupt der einzig richtige Nachfolger sein wirst. Sobald wie möglich werde ich nach Qin reisen und um eine Audienz bei Huayangs Schwester bitten. Sie soll sich für dich verwenden. Ihr werde ich erklären, wie sehr du die Dame Huayang verehrst und, was am wichtigsten ist, dass du immer für sie da sein wirst, sollte sie dich als Nachfolger beim König vorschlagen. Die Schwester wird großzügig von mir entlohnt, und sie wird in deinem Namen der Dame Huayang kostbares Geschmeide übergeben. Auch für dich habe ich Goldstücke bereit, damit du hier besser leben und dir ein Gefolge schaffen kannst."

Yiren ist natürlich begeistert, und alles geschieht wie geplant. Die Dame Huayang entscheidet sich für Yiren und bringt im ehelichen Schlafzimmer den König dazu, ihrem Wunsch zu entsprechen. Lü Buwei bemüht sich derweil weiter um die Freundschaft Yirens, und die beiden Männer verbringen viel Zeit miteinander.

Als Yiren eines Abends in des Kaufmanns Haus zu Gast ist, macht dieser ihn mit seiner Geliebten, der bildhübschen Kurtisane **Zhao Ji** bekannt. Yiren verliebt sich sofort in die junge Frau und möchte sie besitzen. Schweren Herzens überlässt ihm Lü Buwei, sein Ziel immer vor Augen, die Liebe seines Lebens. Zhao Ji wird Yirens Gemahlin, und kurze Zeit darauf wird **Ying Zheng** geboren.

Yirens Flucht aus Zhao

Der kriegerische Staat Qin gibt keine Ruhe. Dem Expansionswunsch des Königs folgend fallen die Qin-Armeen im Jahre 257 v. Chr. in Zhao ein und dringen bis zur Hauptstadt Handan vor, die sie belagern. Da es in Qin Gesetz ist, keine Gefangenen zu machen, werden 400.000 gegnerische Soldaten geköpft. Natürlich sind die Bewohner Zhaos entrüstet und verlangen von ihrem König als Vergeltung den Tod von Yiren, der Geisel aus Qin.

Die Täuschung

In Xianyang bedrängt die Dame Huayang ihren Geliebten Anguo, Yiren zu befreien. Dieser kontaktiert sofort seine Spione in Zhao, um zu sehen, was man unternehmen kann, denn der Prinz steht seit der Belagerung unter schwerster Bewachung.

Der König verspricht demjenigen, der die Flucht ermöglichen kann, eine Belohnung von 1000 Goldstücken. Aber keiner der Qin-Soldaten findet eine Lösung. Das Haus, in dem der Prinz gefangen ist, gleicht einer Festung, und nur ausgesuchte Diener dürfen die nötigen Nahrungsmittel bringen.

Eines Nachts verkleidet sich Lü Buwei als Bote und schafft es, unerkannt zu Yiren zu gelangen. Er spricht: „Deine Verhaftung steht unmittelbar bevor. Ich habe die Wachen am Westtor bestochen, sie werden uns durchlassen, nur wie wir unbemerkt das Haus verlassen können, weiß ich noch nicht."

Da meldet sich unvermutet der Diener Zhao Sheng: „Ich habe eine Idee. Wir müssen dem alten Trick ‚Einen Pflaumenbaum durch einen Pfirsichbaum ersetzen' folgen. Man hat mir oft gesagt, dass ich dem Prinzen ähnle. Ich bin bereit, an seine Stelle zu treten. Ihr, Prinz Yiren, seid wichtig für den Staat Qin, ich bin nur ein einfacher Diener. Man wird mich verhaften und wahrscheinlich töten, so sterbe ich für mein Land. Meine einzige Sorge ist mein kleiner Sohn Gao Sheng. Ich bitte darum, dass Ihr ihn mit Eurem Sohn Zheng zusammen aufzieht!"

Lü Buwei ist höchst überrascht, sieht aber sofort ein, dass das die Lösung ist. Schnell werden die Kleider getauscht und Zhao Shengs Schatten wandert hinter den Fenstern umher. So glauben die Wachen Yiren im Haus, während dieser es mit Lü Buwei durch die Hintertür verlässt. Die Flüchtenden schleichen durch die nächtlichen Gassen zum Westtor, wo ein Wagen auf sie wartet, der sie zu den Soldaten der Qin-Armee bringt.

Inzwischen kommen Boten mit dem Haftbefehl zum Haus. Sie tragen ein gezeichnetes Porträt von Yiren mit sich, um sicher zu gehen, dass sie die richtige Person gefangen nehmen. Da sie den Prinzen jedoch nie von Angesicht gesehen haben, und Zhao Sheng in seinen Gewändern sehr fürstlich aussieht, bemerken sie den Schwindel nicht.

Der König von Zhao ist außer sich vor Wut, als er bemerkt, dass Yiren entkommen ist. Zhao Sheng wird umgehend enthauptet und sein Kopf an den Turm des Stadttores gehängt, als Zeichen, dass man der Belagerung weiter widerstehen wird. Nach sechs Monaten geben die Qin Truppen schließlich auf, aber Yiren ist gerettet.

Im Königreich Qin führt Yiren nun das Leben eines Kronprinzen, und schließlich gelingt es ihm durch Bestechungen, auch seine Ehefrau Zhao Ji und den kleinen Zheng unversehrt aus dem Feindesland zu schmuggeln. Dann muss er nur noch darauf warten, dass der König stirbt und er den Thron besteigen kann.

III. Auf dem Weg zur Macht

Der Knabenkönig und seine Berater

Im Jahre 249 v. Chr. übernimmt Yiren schließlich unter dem Namen **König Zuang Xiang** die Macht, bestimmt Lü Buwei zum Kanzler und verleiht ihm den Titel „Marquis von Wenxin". Mit dem Titel unterstehen diesem 100.000 Haushalte in Henan und Luoyang, und er erhält die anfallenden Staatsabgaben. Doch schon zwei Jahre später, im Jahre 247 v. Chr., verstirbt der König und sein erst 12jähriger Sohn **Ying Zheng** (der spätere Erste Kaiser) wird zum Nachfolger ernannt. Nach chinesischem Brauch erfolgt im Jahr darauf die Thronbesteigung. Lü Buwei hat erreicht, was er plante, und übernimmt zusammen mit der Königinwitwe stellvertretend die Staatsgeschäfte bis zu Ying Zhengs Volljährigkeit.

Während dieser Zeit tritt **Li Si** in das Leben des Prinzen. Li Si wird ungefähr im Jahre 280 v. Chr. im Staat Chu geboren. Als junger Mann findet er eine Anstellung als Sekretär am Hofe seines Königs. Aufgeweckt und ehrgeizig beobachtet er das Geschehen und bildet sich weiter. Nach einiger Zeit erkennt er jedoch, dass er in seinem Heimatstaat keine Karriere machen kann, und beschließt, sein Schicksal selbst in die Hand zu nehmen. Ratten verhelfen ihm zu einer Erkenntnis:

Kluge Tiere

Eines Morgens beobachtet Li Si die mageren Ratten in den Latrinen der Angestellten. Diese wühlen im Dreck und verkriechen sich ängstlich, sobald sich ein Mensch oder ein Hund nähert. Am gleichen Tag noch muss Li Si in den Kornspeicher und ist erstaunt, als er auch dort auf Ratten trifft. Die Nagetiere hier sind jedoch wohlgenährt und verhalten sich vollkommen unbekümmert; sie fürchten weder Mensch noch Tier. Li Si denkt nach und zieht seine Schlüsse. Er sagt sich: „Eines Mannes Status hängt nur davon ab, wo er lebt und für wen er arbeitet. Ich werde nicht in Chu bleiben, sondern mich in die Dienste von Qin stellen, denn dessen König ist stark und er will alle anderen Reiche erobern."

So macht sich Li Si im Jahre 247 auf den Weg in das aufstrebende Reich Qin. Der Zeitpunkt ist günstig, denn Lü Buwei, der augenblicklich die Staatsgeschäfte führt, sucht einen Lehrer für den minderjährigen Prinzen Zheng. Dieser junge, ehrgeizige Mann aus Chu scheint ihm der richtige Kandidat zu sein, und so überlegt er nicht lange und stellt ihn ein.

Was der Kanzler nicht voraussehen kann ist, dass Li Si die Zuneigung des Thronerben Ying Zheng gewinnt und später dessen engster Vertrauter wird. Li Si ist Anhänger des Legalismus, einer Philosophie, die auf der Idee basiert, dass der Mensch von Natur aus böse und undiszipliniert ist. Er kann deshalb nur mit Gesetzen und strengen Strafen geführt werden. Der Herrscher hat alle Macht und muss nicht auf den Rat anderer hören. Durch Li Si wird der Legalismus zum Fundament der Herrschaft des Ersten Kaisers gemäß der These: „In einem geordneten Reich gibt es viele Strafen, aber nur wenige Belohnungen!"

Lü Buwei und Li Si, die einflussreichen Berater

Lü Buwei hat zu diesem Zeitpunkt andere Probleme: Die Ernte ist schlecht, eine Heuschreckenplage kommt über das Land und als Folge bricht eine große Hungersnot aus.

Ein Plan

Lü Buwei überlegt: Die Versorgung der Truppen ist gefährdet. Ich muss ungewöhnliche Maßnahmen ergreifen, damit die Soldaten, die Stütze unseres Staates, stark bleiben und kämpfen können. Ich biete jedem Landbesitzer, der 1000 Maß Getreide an die Staatslager liefert, einen Adelstitel an, das wird die erste Not lindern; gleichzeitig muss ich aber noch Wege finden, wie eine sichere Ernte in Zukunft gewährleistet wird. Da fällt mir ein, dass ein Wasser-Ingenieur um eine Audienz gebeten hat. Ich werde ihn empfangen.

„Welchen Vorschlag habt Ihr zu machen?"

„Ich plane ein neues Bewässerungssystem anzulegen. Dabei denke ich an den Bau eines Kanals zwischen den Flüssen Jing und Luo. Mit Hilfe dieses Kanals könnten viele neue Gebiete bewässert werden und ein regelmäßiges Wachstum der Pflanzen wäre gesichert!"

Der Kanzler denkt nach und stimmt dann dem Vorhaben zu. Er weiß nicht, dass der Ingenieur ein Agent aus dem Reich Han ist, den man geschickt hat, den König von diesem Plan zu überzeugen. Hintergedanke ist, dass für den Bau des Wasserwegs sehr viele Menschen benötigt werden und somit dem Qin-Reich nicht genügend Krieger zum Angriff auf Nachbarstaaten zur Verfügung stehen würden.

Der Kanal wird gebaut, erhält den Namen „Zheng-Kanal" und die Gegend, durch die er führt, wird die Kornkammer des Landes. Die wohlversorgten Soldaten können mit ihrem Siegeszug fortfahren, und auch das Reich Han wird besiegt.

Inzwischen baut Lü Buwei seine Machtposition aus und häuft aufgrund seiner kaufmännischen Fähigkeiten enorme Reichtümer an. In den eroberten Gebieten kauft er wertvolles Land mit Bodenschätzen zu einem niedrigen Preis. Bald ist er Besitzer von Eisen- und Kupferminen, und da diese beiden Metalle zur Waffenherstellung gebraucht werden, macht er große Gewinne. Außerdem blüht sein Handel mit Pferden, Holz, Salz, Juwelen und anderen Gütern. Nun möchte er seine Position festigen.

In jener Zeit gilt es als ein Zeichen von Macht und Größe, Gelehrte und Künstler in sein Haus einzuladen, und Lü Buwei ruft nun Gelehrte aus dem ganzen Reich in der Hauptstadt zusammen. Da er ein sehr vermögender Mann und großzügiger Gastgeber ist, kommt man gerne zu ihm, und er kann sich die klügsten Denker aussuchen. Zeitweise beherbergt und bewirtet er bis zu 3000 Gäste in seinen Anwesen. Diese gebildeten Männer lässt er Texte zu Philosophie, Sitten und politischer Theorie verfassen. Alle Arbeiten überwacht er mit größtem Interesse und äußerster Strenge. Schließlich ist das Werk vollendet und Lü Buwei unendlich stolz. Er lässt eine Kopie an eines der Haupttore Xianyangs hängen zusammen mit einem Beutel, der mit 1000 Goldstücken gefüllt ist. Dazu kommt folgende Notiz:

> *„Wer auch immer nur ein einziges Schriftzeichen verbessern kann, der erhält diese Belohnung!"*

Niemand wagt es. Die Schriften beruhen auf der Lehre vom „Mandat des Himmels", was besagt, dass der Himmel die Autorität des Herrschers billigt, solange dieser weise, gütig und fürsorglich regiert und für das Wohlergehen seines Volkes sorgt. Einem schlechten Regenten erweist der Himmel sein Missfallen durch Naturkatastrophen, Sonnenfinsternisse, Kometen oder andere Himmelszeichen. Auch feindliche Überfälle, Niederlagen, Seuchen und Unfruchtbarkeit des Herrschers werden als Zorn des Himmels angesehen und können zu einem Sturz der Dynastie führen. „Die Analen des Lü Buwei", auch „Frühling und Herbst des Lü Buwei" genannt, gehen in die Geschichte ein und bilden für mehr als 2000 Jahre die philosophische Grundlage des chinesischen Reiches.

König Zheng von Qin

Im vierten Monat des Jahres 238 v. Chr. wird Ying Zheng 22 Jahre alt. Nun reist er nach der Stadt Yong, wo sich der Ahnentempel der Qin befindet. In einer feierlichen Zeremonie erhält er den prächtigen Hut mit den Perlenschnüren. Ein solch symbolträchtiges Kleidungsstück haben schon die antiken Kaiser Yun und Yao getragen, wie auf ausgegrabenen Steinbildern zu erkennen ist. Ying Zheng ist nun auch legitimiert, die königlichen Insignien zu empfangen: das Schwert und den Gürtel aus wertvoller Jade.

Während Zhengs Abwesenheit macht sich Lü Buwei Sorgen um die eigene Zukunft. Auf dem Gipfel seiner Macht und seines Ruhms wird ihm Zhao Ji, die ehemalige Geliebte, zum Verhängnis.

Eine schöne, junge Königinwitwe

Die Königinwitwe Zhao Ji ist eine bildschöne Frau in den dreißiger Jahren mit starken sexuellen Begierden. Einst die Lieblingskurtisane von Lü Buwei, hat dieser sie schweren Herzens an Yiren abgegeben, in der Hoffnung, dadurch politische Vorteile zu erlangen. Auch als die beiden verheiratet sind und Yiren als König Zhuang Xiang regiert, erhält Lü Buwei das Verhältnis heimlich weiter aufrecht.

Nun macht er sich Sorgen, dass das Verhalten der Frau und ihre Beziehung miteinander bekannt werden, und er versucht, ihr sexuelles Interesse auf jemand anderen zu lenken. So schaut er nach einem Mann mit einem riesengroßen Penis aus. Schließlich findet er Lao Ai, der gut ausgestattet ist und den er deshalb in seinem Haushalt anstellt. Jetzt muss nur noch die Königinwitwe von dieser außergewöhnlichen Erscheinung erfahren. Als sich die Gelegenheit ergibt, lässt Lü Buwei verführerische Musik spielen, Lao Ai muss seinen Penis durch ein Loch in einer runden Scheibe aus Holz stecken und dann über den Hof wandeln. Das erregt natürlich Aufsehen und die Dienerschaft tratscht. So hört auch die Königinwitwe von dem Geschehen und will Lao Ai mit eigenen Augen sehen. Das Problem ist nur, dass es Männern verboten ist, die Gemächer der Frauen zu betreten.

Da greift Lü Buwei zu einem neuen Trick. Er beschuldigt Lao Ai eines Verbrechens, das Kastration zur Folge hat. Den Chirurgen, der die Operation ausführt, besticht er mit einer großen Summe und lässt ihn nur die Augenbrauen und Barthaare entfernen, so dass der Mann wie ein Eunuch aussieht. Als solcher darf er nun der Königinwitwe seine Aufwartung machen.

Die Königin und Lao Ai haben fortan eine stürmische heimliche Liebschaft, und es dauert nicht lange, bis sie schwanger wird. Diese Situation zwingt Zhao Ji einen Vorwand zu finden, sich von den neugierigen Augen des Hofs zu entfernen. Bevor ihr Zustand bekannt wird erklärt sie, dass ein Wahrsager ihr geraten habe, sich in einem besseren Klima zu erholen. Schon bald zieht sie mit ihrem gesamten Hofstaat talaufwärts in die frühere Hauptstadt des Staates Qin. Dort lebt sie fortan unbehelligt mit Lao Ai und mehreren hundert Höflingen. In diesen glücklichen Jahren gebiert sie ihm zwei Söhne, die nun, ohne dass der Hof es weiß, Stiefbrüder des zukünftigen Herrschers sind. Mit der Zeit wird die Königinwitwe aber unvorsichtig. Sie verleiht ihrem Liebsten Lao Ai den Titel Marquis und erteilt ihm umfassende Machtbefugnisse. Geschmeichelt durch seine neue Position hält Lao Ai nicht mehr den Schein aufrecht, ein Eunuch zu sein. Er kleidet sich nobel, lässt sich einen Bart wachsen und wird von Jahr zu Jahr arroganter. Meist vertreibt er sich die Zeit mit Vergnügungen, und die hohen Staatsbeamten spielen und trinken mit ihm. Dieses unvorsichtige Verhalten wird ihm zum Verhängnis. Eines Abends, als er völlig betrunken ist, brüllt er: „Wer wagt es, mir zu widersprechen? Ich bin der Stiefvater des Königs!"

Dieser Vorfall kommt natürlich Ying Zheng zu Ohren. Entsetzt muss er erfahren, dass Lao Ai kein Eunuch ist und dass er zusammen mit seiner Mutter plant, einen seiner Söhne zum nächsten Herrscher zu küren. Der König ordnet eine Untersuchung an, aber bevor er die Ergebnisse erhält, muss er noch nach der Stadt Yong reisen, um im Ahnentempel die vorgeschriebenen Rituale auszuführen.

Lao Ai, fürchtend, dass sein Betrug aufgedeckt wird, zettelt in der Zwischenzeit eine Revolte an. Er benutzt ohne Erlaubnis das

Siegel der Königin und ruft die Truppen zusammen. Doch das Vorhaben wird verraten und der Aufstand schnell niedergeschlagen.

Lao Ai gelingt die Flucht. König Zheng setzt nun auf seinen Kopf eine Million Münzen aus, falls er lebend gefangen wird, und die Hälfte, falls er getötet wird. Schnell wird der Aufrührer gefangen und Ying Zheng straft grausam: Lao Ais Körper wird zwischen fünf Pferdewagen gespannt, die in verschiedene Richtungen galoppieren und ihn somit zerreißen. Die beiden Söhne und die Verwandten des Toten lässt er hinrichten; seine engsten Vertrauten und hohe Funktionäre werden enthauptet und ihre Köpfe auf dem Marktplatz zur Schau gestellt. Schließlich werden 4000 Adlige, die eventuell mit Lao Ai sympathisiert haben könnten, enteignet und mitsamt ihren Familien in die südliche Provinz Chu umgesiedelt. Nur die Mutter kommt relativ gut davon. Sie muss ins 100 Kilometer entfernte Yong ins Exil.

Die grausamen Strafen sind zu dieser Zeit nicht ungewöhnlich, jedoch gelten die Verehrung der Ahnen und die damit verbundene kindliche Ehrerbietung den Eltern gegenüber als eines der Grundprinzipien chinesischer Sittenlehre. So ist es nicht verwunderlich, dass im Volk Unmut aufkommt, als der junge König seine Mutter verbannt. Da zur gleichen Zeit das Land von einer außergewöhnlichen Kälteperiode getroffen wird und unzählige Menschen in Eis und Schnee den Tod finden, munkelt man hinter vorgehaltener Hand: „Der König von Qin hat seine Mutter eingesperrt. Das ist unnatürlich und unerträglich, und eine solche Handlung kann nur Unglück bringen."

Wer sagt die Wahrheit?

Ein Beamter des Hofes namens Chen Zhong macht sich zum Sprecher des Volkes und rät dem König: „Jeder Sohn hat eine Mutter. Ihr, Majestät, solltet Eure Mutter zurück an den Hof von Xianyang holen und ihr kindliche Ehrerbietung entgegenbringen. So könntet Ihr die Gunst des Himmels wiedererlangen und künftiges Unglück verhindern!" Ying Zheng ist erbost, weil man seine Handlungen kritisiert. Er ordnet an, dass Chen Zhong in eine Dornenhecke geworfen und zu Tode geprügelt wird. Anschließend soll sein Kopf abgeschlagen und an das Palasttor gehängt werden, versehen mit folgender Notiz: „Jeder, der es wagt, den König in Bezug auf seine Mutter zu kritisieren, der wird das gleiche Schicksal erleiden!"

Nach dem Tod von Chen Zhong versuchen siebenundzwanzig weitere Beamte den König zum Einlenken zu überreden, jedoch alle werden getötet und auch ihre Körper werden zur Abschreckung vor die Palasttore gelegt.

Da kommt eines Tages Mao Jiao, ein Kaufmann aus Gangzhou, nach Xianyang. Als er in einem Gasthaus Quartier nimmt, hört er, was die Leute über ihren grausamen König erzählen. Darauf spricht er: „Das ist unentschuldbar! Ich werde gleich morgen um eine Au-

dienz bitten!" – *"Um Himmelswillen"*, *rufen die Gäste, "Euer Leben ist nichts wert! Habt Ihr nicht die Leichen der Höflinge gesehen? Wie könnt Ihr nur glauben, dass es Euch, einem Fremden, besser ergeht?"*

Aber Mao Jiao lässt sich nicht beirren und begibt sich am folgenden Morgen, nachdem er ein kräftiges Frühstück genossen hat, zum Palast. Dort erklärt er, dass er den König wegen dessen Mutter sprechen wolle. "Seid Ihr denn todesmutig? Habt Ihr nicht die Leichen am Tor gesehen?", ereifern sich die Wachen. Aber Mao Jiao entgegnet: "Es wird berichtet, dass es einst 28 Sternbilder am Himmel gab, die zur Erde hinabstiegen und achtenswerte Menschen wurden. Nun, da 27 Höflinge schon gestorben sind, möchte ich die letzte Ziffer sein. Alle weisen und tugendhaften Männer, altehrwürdig oder modern, müssen sterben, warum sollte ich Angst haben?"

Man überbringt dem König diese Worte, und als er sie hört, schreit er wutentbrannt: "Dieser Narr hat wissentlich meine Anordnung gebrochen, nehmt ihn sofort gefangen und werft ihn im Hof in einen Topf mit kochendem Wasser. Dort wird ihm sein Hochmut schnell vergehen!"

Die Wachen ergreifen Mao Jiao, aber als er sie bittet, seinen letzten Wunsch, den König zu sprechen, zu erfüllen, haben sie Mitleid und bringen ihn in den Thronsaal. Dort wirft sich der Kaufmann im Kotau zu Boden, erhebt dann sein Haupt und spricht: "Es heißt, Lebende sollten sich nicht fürchten, vom Tod zu sprechen, und Könige sollten sich nicht fürchten, ihre Fehler zuzugeben. Ein Staat, dessen Herrscher keine Fehler eingestehen kann, wird nicht lange bestehen, und Menschen, die nicht vom Tod sprechen, werden nicht ewig leben. Intelligente Könige müssen Leben und Tod sorgfältig studieren. Würden Eure Majestät mir erlauben fortzufahren?"

Ying Zheng hat sich etwas beruhigt und gebietet gnädig: „Sprecht weiter!" Daraufhin erklärt Mao Jiao: „Loyale Höflinge versuchen niemals, die Gunst des Königs durch Schmeichelei zu gewinnen, und ein weiser Herrscher benimmt sich niemals unbesonnen. Beamte betrügen ihren König, wenn sie ihn nicht auf seine Fehler hinweisen, und ein König ist ungerecht seinen Beamten gegenüber, wenn er nicht auf ihren wohlgemeinten Rat hört. Ihr, Eure Majestät, müsst erst noch Euren Fehler einsehen, und ich habe Euch ehrliche Worte zu sagen. Falls ihr jedoch nicht zuhören wollt, wird es um den Staat Qin bald schlecht stehen!"

Der abergläubische Ying Zheng wird unruhig und geheißt ihn zu sprechen. Mao Jiao beginnt mit einer Frage: „Sieht es Eure Majestät als Aufgabe an, die Nation zu einen?" Als der König das bejaht, fährt er fort: „Der Staat Qin wird im ganzen Land nicht nur wegen seiner starken militärischen Macht bewundert, sondern auch, weil Ihr der größte Führer seid. Deshalb ist Eure Majestät auch umgeben von vielen loyalen Beamten und mutigen Generälen. Aber Ihr habt Lao Ai, den Gemahl Eurer Mutter, durch fünf Wagen in Stücke reißen lassen, eine unmenschliche

Tat, Ihr habt Eure beiden kleinen Stiefbrüder töten lassen, eine ungerechte, grausame Tat, Ihr habt Eure Mutter verbannt, ein Akt gegen die kindliche Ehrerbietung, Ihr habt loyale Beamte, die berechtigte Einwände hervorbrachten, töten lassen und ihre Leichname vor dem Palast zur Schau stellen lassen, die unüberlegte Gräueltat eines arroganten Herrschers. Wie kann sich Eure Majestät so aufführen und glauben, alle Menschen davon überzeugen zu können, dass er China vereinen wird?

Ich weiß, dass ich sterben werde, nachdem ich all das gesagt habe, genau wie die 27 lobenswerten Beamten vor mir. Aber seid gewiss, nach meinem Tod werden die Grafen und Prinzen rebellieren und das Volk wird sich erheben. Das wäre schade, denn nur in Eurer Macht steht es, das Reich zu einen! Das ist alles, was ich zu sagen habe, und nun bin ich bereit zu sterben!"

Dann entledigt sich Mao Jiao seiner Kleider und macht sich auf den Weg zum Feuer. Doch der König befiehlt seinen Männern, ihn umgehend anzukleiden und zu ihm zu bringen. Nachdenklich erklärt er: „Die früheren Ratgeber haben mich immer nur kritisiert, aber sie sprachen nie über den Aufstieg oder den Fall des Reiches Qin. Ihr habt mir die Augen geöffnet, nun sehe ich meine Fehler ein und weiß auch, was ich zu tun habe!"

König Ying Zheng lässt seine Mutter mit einem großen Geleitzug nach Xianyang zurückholen und alle Zuschauer entlang des Weges wissen, dass er sich mit ihr versöhnt hat und der kindlichen

Ehrerbietung Genüge tut. Auf den klugen Beistand Mao Jiaos will Ying Zheng fortan nicht mehr verzichten und er beruft ihn zum königlichen Ratgeber.

Lü Buwei hat nach dem Skandal am Hof eigentlich den Tod verdient, aber Ying Zheng gedenkt seiner früheren Verdienste. So lässt er ihm den Titel „Marquis von Wenxin" und schickt ihn mitsamt seinem Gefolge vorerst zu seinem Lehngut in der Provinz Henan. Im Laufe des darauffolgenden Jahres herrscht auf den Straßen, die zu diesem Gut führen, ein reger Betrieb; es kommen und gehen Boten und Besucher ohne Unterlass. Als Ying Zheng davon hört, fürchtet er, dass sich dort eine Revolte zusammenbraut, und das will er verhindern.

Ein Kurier aus der Hauptstadt

Eines Morgens im Frühling sitzt Lü Buwei an seinem Schreibtisch in Henan, da vernimmt er plötzlich lautes Pferdegetrappel. Kurz darauf meldet ihm sein Diener, dass ein Bote vom Königshof angekommen sei. Der ehemalige Kanzler erblasst, denn das kann nichts Gutes bedeuten. Er lässt den Kurier zu sich bitten und erhält eine Nachricht. Vorsichtig öffnet er das Bündel beschriebener Bambusstäbchen. Was er liest, kann er kaum glauben. Der König bezichtigt ihn politischer Umtriebe und verbannt ihn mitsamt seiner Familie und Dienerschaft mit sofortiger Wirkung in die Wildnis von Chu.

Lü Buwei weiß, er muss dem Befehl folgen, zugleich fürchtet er aber auch, unterwegs einem Anschlag zum Opfer zu fallen. Da trifft er eine einsame Entscheidung: „Ich werde meinem Leben selbst ein Ende setzen!" Ohne Zögern hebt er einen Becher mit giftigem Wein und trinkt. - Lü Buwei ist nun tot, „Die Analen des Lü Buwei" aber werden unsterblich.

Militärische Siege und Bedrohungen

Der junge König ist tief verstört nach dem hinterhältigen Betrug durch seine Mutter und Lao Ai. Von nun an will er niemandem mehr vertrauen. Da Lü Buwei, sein Berater, nicht mehr zur Verfügung steht, trifft er die Entscheidungen selbst, geführt von Li Si, seinem neuen Kanzler. Die Armee wird verstärkt und das Königreich Han angegriffen und unterworfen (230 v. Chr.). Das versetzt die anderen Reiche in Schrecken.

Angst

In dem kleinen Reich Yan ist Kronprinz Dan beunruhigt. Er überlegt: „Das Reich Qin ist habgierig und unersättlich. König Zheng wird nicht ruhen, bis er sich alle Reiche zwischen den vier Meeren einverleibt hat. Der Herrscher der Han wurde bereits gefangen genommen und sein Land annektiert. Augenblicklich werden Truppen zusammengezogen, um Chu im Süden anzugreifen und Zhao im Norden. Zhao ist zu geschwächt, um Widerstand zu leisten. Wenn es fällt, werden auch wir überrannt, denn unser

Reich ist klein und schwach. Selbst wenn wir alle Männer einziehen, können wir nichts erreichen, und die feudalen Herrscher wagen es nicht, sich zusammenzuschließen und eine Allianz zu bilden. Ich kenne Ying Zheng seit wir Knaben waren und uns beide als Geiseln am Hof in Zhao befanden. Man sollte meinen, das hätte uns zu Freunden gemacht. Doch im Gegenteil: Als Zheng König von Qin wurde, nahm er mich als seine Geisel und behandelte mich schlecht. Zum Glück gelang es mir zu fliehen, aber mein Hass besteht weiter, und so folge ich dem Rat von Konfuzius, der da sagt: „Jene, die nicht vorausdenken, werden ihre Probleme bald spüren!"

Ich habe einen Plan und dazu muss ich einen mutigen Mann finden, der sich an den Hof in Xianyang traut mit dem Auftrag, König Zheng zu entführen.

Es dauert nicht lange und ein junger Schwertkämpfer und Abenteurer namens **Jing Ke** erklärt sich bereit, den Auftrag auszuführen. Doch es ist fast unmöglich, ohne guten Grund in die Nähe des Königs zu gelangen. Kronprinz Dan hat das schon bedacht: In seinem Reich befindet sich unter seinem persönlichen Schutz ein aus Qin geflohener General namens Fan Yuki, auf den ein Kopfgeld von 250 Kilo Gold ausgesetzt ist. Er wird diesen um etwas höchst Ungewöhnliches bitten - um seinen Kopf! Mit solcher Trophäe und einer Landkarte des Yan-Staates als Zeichen der Unterwerfung sollte es möglich sein, zu einer Audienz zugelassen zu werden. Fan Yuki ist keineswegs entsetzt über das Ansinnen des Kronprinzen. Rachsüchtig stimmt er zu, als er hört, dass in der Landkarte ein Dolch mit vergifteter Spitze eingeschlagen sein wird. Dann nimmt er sich selbst das Leben.

Jing Ke, der Mutige

Nachdem die Vorbereitungen abgeschlossen sind, begleiten Kronprinz Dan und sein Gefolge Jing Ke bis zum Fluss Yi, wo sie dem Flussgott ein Opfer bringen. Alle sind in Weiß, der Farbe der Trauer, gekleidet, denn keiner kennt den Ausgang des geplanten Unternehmens. Zum Abschied singt Jing Ke, von seinem Freund Gao Jiangli auf der Laute begleitet, das Lied:

Der Wind seufzt und der Fluss Yi ist kalt.

Wenn der mutige Held geht,

wird er nicht zurückkommen.

Ohne sich noch einmal umzuschauen besteigt Jing Ke seine Kutsche. Begleitet wird er nur von einem Diener, doch im Gepäck befinden sich eine Kiste mit dem Haupt des Geächteten und die Landkarte, in welcher sich ein giftiger Dolch versteckt.

In Xianyang angekommen wendet Jing Ke sich zuerst an den Hofbeamten Meng Jia, einen Vertrauten des Königs, dem er wertvolle Geschenke zukommen lässt. Ihm erklärt er seine Bitte um

Audienz, und dieser macht sich, fürstlich belohnt, zu seinem Fürsprecher: „Majestät, draußen wartet ein Bote aus dem Reich Yan. Er möchte Euch mitteilen, dass der König des Nachbarreiches überwältigt ist von Eurer Macht und der Stärke Eurer Armee. Er wagt es deshalb nicht, seine Truppen zusammenzuziehen und Widerstand zu leisten. Stattdessen bietet er an, dass der Staat Yan ein Vassallenstaat wird wie die anderen unterworfenen Reiche, dass er als Provinz angesehen und Tribut zahlen wird. Auf diese Weise könnten Menschenleben geschützt, unnütze Zerstörungen vermieden werden und die Ahnentempel der vorhergehenden Herrscher erhalten bleiben. Der Herrscher von Yan wagt es nicht, hier selbst zu erscheinen. Als Zeichen seiner Unterwürfigkeit hat er jedoch Euren Staatsfeind Fan Yuki enthaupten lassen und einen Boten entsandt, der den Kopf des Verräters bringt und dazu noch eine Landkarte von Yan."

König Zheng zeigt sich hocherfreut über diesen Bericht. Er kleidet sich in sein Hofgewand und empfängt die Männer aus Yan zur Audienz. Jing Ke nähert sich dem Thron mit der Kiste, während der Diener die Landkarte hält. Als die beiden jedoch kurz vor dem Herrscher ankommen, wird der Diener vor Angst leichenblass und beginnt unkontrolliert zu zittern. Die Höflinge sind erstaunt ob dieses Benehmens, aber Jing Ke rettet die Situation, indem er lachend sagt: „Verzeiht, er ist ein einfacher Mann aus dem nördlichen Reich, der noch nie den Sohn des Himmels gesehen hat, deshalb zittert er vor Angst, bitte vergebt ihm und erlaubt mir, Eurem ehrfürchtigen Diener, näher zu kommen."

König Zheng befiehlt: „Bring die Landkarte!" Da nimmt Jing Ke das Tuch, rollt es auf, ergreift mit der linken Hand den Ärmel des königlichen Gewandes, mit der rechten den Dolch und sticht zu. Der König taumelt zurück, der Ärmel seines Umhangs reißt ab, der Dolch hat das Ziel verfehlt. Zheng flieht, verfolgt von dem Attentäter; die Höflinge stehen erstarrt und beobachten, wie ihr Herr vergeblich versucht, sein zeremonielles Schwert aus der Scheide zu ziehen, denn niemand im Thronsaal darf eine Waffe tragen. Geistesgegenwärtig nimmt der Hofarzt seinen Medizinbeutel und schlägt ihn Jing Ke auf den Kopf. Inmitten des Tumults ruft ein Höfling: „Majestät, halten Sie Ihr Schwert nach hinten!" Der König folgt der Anweisung sofort und kann nun das lange Schwert aus der Scheide ziehen. Er geht auf Jing Ke los und verletzt ihn an der Hüfte. Dieser wirft seinen Dolch, doch der verfehlt sein Ziel erneut und bleibt in einer bronzenen Säule stecken.

Steinrelief, das den Mordanschlag des Jing Ke darstellt.
(Ledderose u. Schlombs „Jenseits der Großen Mauer", S.61)

Rasend vor Wut sticht Zheng noch sieben Mal auf seinen wehrlosen Gegner ein. Erkennend, dass er verloren ist, ruft Jing Ke: „Ich habe verloren, weil ich Euch lebend fangen wollte. Nun muss jemand anderes dem Kronprinzen zu Diensten sein."

Da versetzt ihm der König den Todesstoß.

König Zheng ist nach diesem Anschlag auf sein Leben zutiefst erschüttert. Nur der Leibarzt hat ihm geholfen, und den belohnt er reichlich mit Goldstücken. Fortan geben Angst und Zorn ihm das Gefühl, auf sich allein gestellt zu sein, und verstärken sein jähzorniges Gebaren.

IV. Der Erste Kaiser Qin Shihuangdi

Abb. in: Cotterell, S.136

Einigung des Reiches und Reformen

Im Jahre 221 v. Chr. hat Ying Zheng den letzten Feudalstaat unterworfen (Zhao 228 v. Chr., Wei 225 v. Chr., Chu 223 v. Chr., Yan 222 v. Chr., Qui 221 v. Chr.) und erhebt sich nun, gerade 38 Jahre alt, zum „Ersten Kaiser unter dem Himmel". Er nennt sich sogar „Erster Erhabener Gottkaiser". Fortan trägt er den Namen **Qin Shihuangdi**, der beinhaltet, dass er eine göttliche und zugleich alles überragende Stellung innehat. Sein Nachfolger wird der „Zweite Kaiser" sein, gefolgt von dem „Dritten Kaiser" und so weiter – 10.000 Generationen lang soll seine Dynastie herrschen. Das muss proklamiert und öffentlich gefeiert werden. Li Si ist für die Vorbereitungen verantwortlich und teilt dem König die Planung des Festes mit, bei dem er das Mandat des Himmels erhalten soll:

Der Festtag

„Majestät, nach genauen Berechnungen des Obersten Geomanten wird das große Ereignis genau am Mittag des längsten Tages des Jahres, in der Mitte des zweiten Sommermonats, stattfinden. Ihr, der Himmelssohn, werdet Euch im Großen Tempel der Halle des Lichts aufhalten. Ein Orchester aus Qin-Zithern, Si-Gitarren und Xiao-Flöten begleitet die Tänzer. Das glücksbringende Mahl des Erhabenen wird aus Sojabohnen und gegrilltem Huhn bestehen, zum Nachtisch sollen frische Kirschen gereicht werden.

Unser Volk muss sich noch lange mit Freuden an diesen großen Tag erinnern können, deshalb werden die Städte für die ganze Bevölkerung offen stehen. Dazu verzichten die Obrigkeiten auf Stadtzölle und sowohl die Händler als auch die Käufer erhalten freien Zugang zu den Märkten. Auf den öffentlichen Baustellen werden die Rationen der Gefangenen vergrößert, vor allem für diejenigen, die am Bau der Großen Mauer arbeiten. Alle Hinrichtungen müssen an diesem Tage ausgesetzt werden.

Vertreter der früheren Königreiche und der unterworfenen Völker sind eingeladen, um Euch, dem Erhabenen, Gefolgschaft zu schwören und mitzufeiern. Auch die Herrscher unserer Nachbarstaaten erhalten eine Einladung, und die Feierlichkeiten sollen genau drei Monate lang dauern."

Alles geschieht wie Li Si es geplant hat. Ein Erlass, mit dem das Kaiserreich der Mitte offiziell ausgerufen wird, muss in all seinen Provinzen und den eroberten ehemaligen Königreichen angeschlagen werden. Landauf, landab ist in zinnoberroter Farbe auf mit Holzkohle geschwärzten Tafeln geschrieben:

DAS KAISERREICH DER MITTE TRITT AN DIE STELLE DER FRÜHEREN KÖNIGREICHE

In der Hauptstadt Xianyang gilt es nun, Statussymbole und Reformen festzulegen. Der Kaiser verfügt, dass die Symbole des neuen Reiches entsprechend der Lehre der Fünf Elemente gewählt werden. Die Idee, dass fünf Elemente – Erde, Holz, Metall, Feuer und Wasser – in regelmäßiger Abfolge die verschiedenen Perioden der Geschichte dominieren, wurde bereits im 3. Jahrhundert v. Chr. systematisiert. Man glaubte, dass das vorige Königshaus Zhou (1126 - 256 v. Chr.) durch die Macht des Feuers regierte. Daraus ergibt sich, dass dem Hause Qin, das nächste Element der Liste, nämlich das Wasser, zugeordnet wird. Das passt dem Kaiser hervorragend, denn Wasser ist das kalte, unerbittliche Element, das auch die härtesten Steine abschleift, und es entspricht seiner Auffassung von einer guten Regierungsführung. Rot ist die Farbe des Feuers und Schwarz die des Wassers. Die dem Wasser entsprechende Zahl ist sechs. Daraufhin wird Schwarz die Farbe der Kleidung, der Fahnen, der Banner und Wimpel im neuen Reich. Die offiziellen Hüte der Beamten müssen sechs Inches lang sein, die Wagen sechs Fuß breit, und die kaiserliche Karosse wird von sechs schwarzen Pferden gezogen. So hinterlässt der Kaiser auf seinen Inspektionsfahrten einen mächtigen Eindruck, wenn die schwarzbeflaggten dunklen Karossen mit den schwarzgekleideten Menschen, gezogen von kohlrabenschwarzen Pferden durchs Land ziehen.

Auch muss das neue große Reich gesichert werden. Der Kaiser und sein Minister Li Si beginnen das Feudalsystem der unterworfenen Reiche abzubauen. Sie teilen das gesamte Reich in 36 Kommandanturen und rund 1000 Landkreise auf, jeweils mit einem militärischen und einem bürgerlichen Gouverneur. Die Beamten müssen genau Buch führen und den Bericht vor Ablauf des achten Mondmonats in die Hauptstadt schicken. Darin wird Folgendes akribisch dokumentiert:

Die Regenmenge und Fläche des beregneten Gebietes – Stürme, Dürren, Insektenplagen, Überflutungen und andere Naturkatastrophen.

Ebenso verlangt der Kaiser einen Nachweis, ob alle Gesetze, welche die Landwirtschaft betreffen, befolgt wurden. Da heißt es zum Beispiel:

Im Zeitraum zwischen dem zweiten Frühlingsmonat und dem Ende des Sommers darf kein Holz in den Wäldern geschlagen, dürfen keine Fische vergiftet, keine Dämme errichtet, keine Vogelnester gesammelt, keine Fallen und Netze aufgestellt werden, und es muss das vom Kaiser ausgegebene Saatgut auf den Feldern ausgebracht werden.

Wer seine Scheunendächer nicht repariert oder die Ackergeräte vernachlässigt, muss mit Züchtigung rechnen. Drastische Strafen erwarten die Zuwiderhandelnden.

Alle ehemaligen Adligen und Prinzen der unterworfenen Reiche und außerdem jedermann, der eine mögliche Gefahr darstellen kann, wird in die Hauptstadt beordert. So siedelt man 120.000 mächtige Familien nach Xianyang um. Für die Adligen werden am Nordufer des Wei die Paläste ihres Heimatreiches detailgetreu nachgebaut. Hier können sie zwar in Luxus, aber stets unter dem wachsamen Auge des Herrschers leben. Um auch die militärische Macht hier zu konzentrieren, ergeht die strikte Order, alle Verteidigungsanlagen anderer Städte einzureißen und sämtliche Waffen einzusammeln. Die Waffen werden eingeschmolzen und aus dem gewonnenen Metall schaffen Künstler mehrere Glocken und zwölf 30 Tonnen schwere Kolossalstatuen, die als Wächterfiguren um den Palast aufgestellt werden.

Damit die Verwaltung vereinfacht wird, plant man weitere Maßnahmen. Der Kaiser reist durch das Land, um sich einen Überblick zu verschaffen.

Streit ums Geld

Eines Tages kommt er zur Stadt Pucheng. Von hier führt eine lange Brücke über den Gelben Fluss zur Stadt Jincheng. An dieser Stelle herrscht immer reger Verkehr, da die Brücke die Verbindung von der Hauptstadt Xianyang zu den zentralen Ebenen ist.

Der Kaiser reist inkognito; er lässt seine Karosse in einem Seitenweg halten und begibt sich, nur begleitet von einigen Gehilfen, zur Brücke. Da bemerkt er einen Tumult und geht neugierig näher. Ein Bauer und ein Verkäufer streiten lautstark miteinander. Der kräftige Landwirt hebt seine Faust und schreit mit puterrotem Gesicht: „Wir haben unser Leben lang mit diesem Geld bezahlt. Wie kannst du es wagen zu behaupten, es sei wertlos?" Auch die umstehenden Neugierigen beteiligen sich am Streit und rufen: „Du Unruhestifter, warum stellst du dich so an? Am besten verschwindest du!"

Da mischt sich der Kaiser ein und sagt: „Halt, lasst den Mann doch erklären, warum er das Geld nicht will!" Zitternd stammelt der Alte: „Ich wohne westlich vom Gelben Fluss, wo man Qin-Geld benutzt, aber hier will man mich mit Jin-Geld bezahlen. Und das kann ich nicht annehmen." Der Kaiser ist erstaunt: „Warum denn das; es ist doch auch Geld?" Da erklärt der Händler: „Meine Leute zu Hause wollen kein Jin-Geld, denn der Staat Jin ist besiegt worden und sein Geld wird bald nichts mehr wert sein. Was soll ich nur machen? Ich brauche eine gültige Währung für meine Waren!"

Da meldet sich ein weißbärtiger Alter: „Hört auf zu streiten. Der Händler hat keine Schuld; verantwortlich für das Problem ist der Kaiser. Er hat es geschafft, die verschiedenen Reiche zu vereinen, warum kann er nicht auch eine Währung für alle bestimmen?" Die Umstehenden nicken beifällig und einer ruft: „Wir müssen eine Eingabe machen! Lasst uns ein Schriftstück an den Hof senden!"

Nun meldet sich der Kaiser zu Wort: „Leute hört zu! Ich komme aus Xianyang und kann bei der nächsten Audienz dem Kaiser euren Vorschlag zu Gehör bringen!"

Dieses Angebot nehmen alle dankend an, und sie erinnern sich später gerne an den Fremden, der ihnen Hilfe versprochen hat. Denn der Kaiser kehrt an seinen Hof zurück, ruft seine Minister zusammen und erteilt ihnen den Auftrag, das Problem zu lösen.

Bisher gibt es eine Vielzahl unterschiedlicher Zahlungsmittel. Jeder Staat benutzt seine eigenen - manche sind aus Gold, Silber oder Bronze, andere aus Textilien, Schildkrötenpanzern oder Muscheln.

Sogenanntes Spatengeld der Mittleren Reiche, das Handwerkszeugen nachempfunden ist.

Nun führt der Kaiser neue Münzen ein, die fortan im ganzen Reich gelten. Es sind runde Gold- und Bronzemünzen mit einem quadratischen Loch in der Mitte, damit man die Geldstücke auf Schnüre aufreihen kann. Diese Form wird in China noch bis ins 20. Jahrhundert nahezu unverändert beibehalten.

Runde Münzen mit Loch

Neben dem Geld wird auf Anraten von Li Si auch das Schriftsystem nach dem Muster der Schrift von Qin standardisiert. Es fallen dabei circa ein Viertel aller Schriftzeichen weg, und die verbleibenden werden deutlich einfacher geschrieben. Diese Reform schafft nicht die lokalen Dialekte ab, erzielt aber eine einheitliche Schrift, die das chinesische Volk eint. Gleichzeitig wird es einfacher, die vielen neuen Gesetze und Regularien aufzuschreiben. Noch heutzutage verständigen sich in China Menschen unterschiedlicher Sprachen, indem sie die Zeichen auf ein Papier oder im Notfall auf die Handfläche malen.

Geldstücke auf Schnur aufgereiht

(CC BY-SA 3.0, https://commons.wikimedia.org/w/index.php?curid=1522030)

Siegelschrift aus dem Jahre 220 v. Chr. „ShíHuángdi"

Damit Soldaten und Arbeiter sich schneller fortbewegen können, lässt der Kaiser die Infrastruktur im Reich verbessern. 6800 Kilometer dreispurige Straßen werden angelegt und mit Schatten spendenden Bäumen gesäumt. Die mittlere Spur ist für die kaiserlichen Karossen reserviert, für Karren und Kutschen wird eine Standard-Achsbreite festgelegt, damit sie alle in die Spuren der Straßen passen. Ausgangspunkt und Ziel sämtlicher Wege ist die Hauptstadt Xianyang. Besonders zu erwähnen ist die „Gerade Straße", die vom kaiserlichen Sommerpalast Yunyang rund 800 Kilometer fast schnurgerade nach Norden führt, bis tief in die Innere Mongolei.

Einem solch bedeutenden Kaiser gebührt auch eine imposante Begräbnisstätte, und so verfügt Qin Shihuangdi, dass die von ihm schon in früheren Jahren in Auftrag gegebene Grabanlage am Berg Li folgendermaßen gestaltet werden soll:

Anweisung für mein Mausoleum

„Die Grube muss sehr tief, tiefer als drei unterirdische Flüsse sein, und wenn die Grabung fertig ist, wird geschmolzenes Kupfer um den äußeren Sarg gegossen. In der zentralen Kammer wird die Decke mit himmlischen Konstellationen bemalt, Perlen stellen Sonne, Mond und Sterne dar. Auf dem Fußboden zeigt eine steinerne Landkarte nicht nur die höchsten Berge meines Reiches, sondern auch die längsten Flüsse. Sie werden durch Quecksilber dargestellt, das sich mit Hilfe eines mechanischen Geräts bewegt, in einen kleinen See fließt und daraus wieder zurück. Um den Wohlstand des Reiches zu demonstrieren, werden Modelle von Palästen, Pavillons, Tempeln und Verwaltungsgebäuden nachgebildet, ebenso Kriegsschiffe, Kutschen und diverse Kunstschätze. Das alles wird erleuchtet von dem Schein tausender Kerzen, die aus langbrennendem Walöl hergestellt sind.

Damit das Mausoleum vor Grabräubern geschützt ist, werden Armbrüste installiert, die an versteckten Eingängen angebracht sind und automatisch schießen, falls jemand die Anlage betritt."

Den Anschlag auf sein Leben hat Qin Shihuangdi nicht vergessen, und als oberster Herrscher sucht er nun erst recht Rache. Die Freunde von Kronprinz Dan und Jing Ke sind jedoch seit dem Attentat alle untergetaucht. Nur einer macht noch von sich reden; es ist **Gao Jianli**, der Jing Ke damals bei seinem Abschiedslied auf der Laute begleitete.

Der Lautenspieler

Der Musiker hat seinen Namen geändert und eine Stelle als Diener in dem Ort Songzi gefunden. Sein Leben ist arbeitsam und hart. Eines Tages hört er einen Gast im Hause seines Herrn die Laute spielen. Magisch angezogen folgt er der Musik und versteckt sich hinter einem Vorhang. Während er so lauscht, macht er unbewusst Bemerkungen. „Gut gespielt! Autsch, das ist falsch!"

Die anderen Angestellten berichten dem Hausherrn: „Unser Diener scheint etwas von Musik zu verstehen, denn er hört dem Spiel zu und murmelt vor sich hin, was gut und was schlecht ist!" Da lässt der Hausherr Gao Jianli rufen und bittet ihn vorzuspielen. Seine Gäste und er selbst sind begeistert, applaudieren heftig und laden den Musikanten zum Trinken ein. Gao Jianli ist überwältigt und beschließt augenblicklich, sein Leben zu ändern, denn lange genug hat er sich versteckt und in Angst gelebt. Nun entfernt er sich schnell, zieht seine besten Kleider an und kommt mit seiner eigenen Laute zurück. Die Anwesenden sind verblüfft über diese Verwandlung und ohne auf Konventionen zu achten behandeln sie den Musiker als Ehrengast und bitten um Unterhaltung. So singt und spielt er, und nicht wenige der Zuhörer sind zu Tränen gerührt.

Die Geschichte von dem Diener, der sich auf Grund seines Lautenspiels in eine geachtete Persönlichkeit verwandelte, kommt auch dem Kaiser zu Ohren. Diesen Mann möchte er kennenlernen, und so lädt er Gao Jianli ein, während einer Audienz vorzuspielen. Das Spiel verzaubert alle, doch plötzlich ruft ein Zuhörer: „Das ist Gao Jianli!"

Erstaunlicherweise lässt der Kaiser den Musiker nicht töten, denn er will weiterhin solch bewegendem Spiel lauschen. So behält der Spieler sein Leben, aber man sticht ihm beide Augen aus. Täglich spielt der blinde Gao Jianli nun für den Herrscher und sinnt dabei auf Rache. Der Kaiser seinerseits jedoch ist unbesorgt und lässt den blinden Lautenspieler nahe bei sich sitzen.

Gao Jianli wartet nur auf einen günstigen Moment. Eines Tages füllt er seine Laute mit Blei, und als er vorgibt, sich neben den Kaiser zu setzen, hebt er das schwere Instrument und versucht es Qin Shihuangdi auf den Kopf zu schlagen. Er verfehlt ihn! Sofort wird er überwältigt und getötet.

Der Kaiser aber lässt von diesem Zeitpunkt an keinen Menschen aus den früheren Feudalstaaten mehr in seine Nähe kommen und erscheint kaum noch in der Öffentlichkeit. Dennoch muss er wissen, was in seinem Reich vor sich geht, und so macht er sich auf Reisen.

Inspektionsreisen

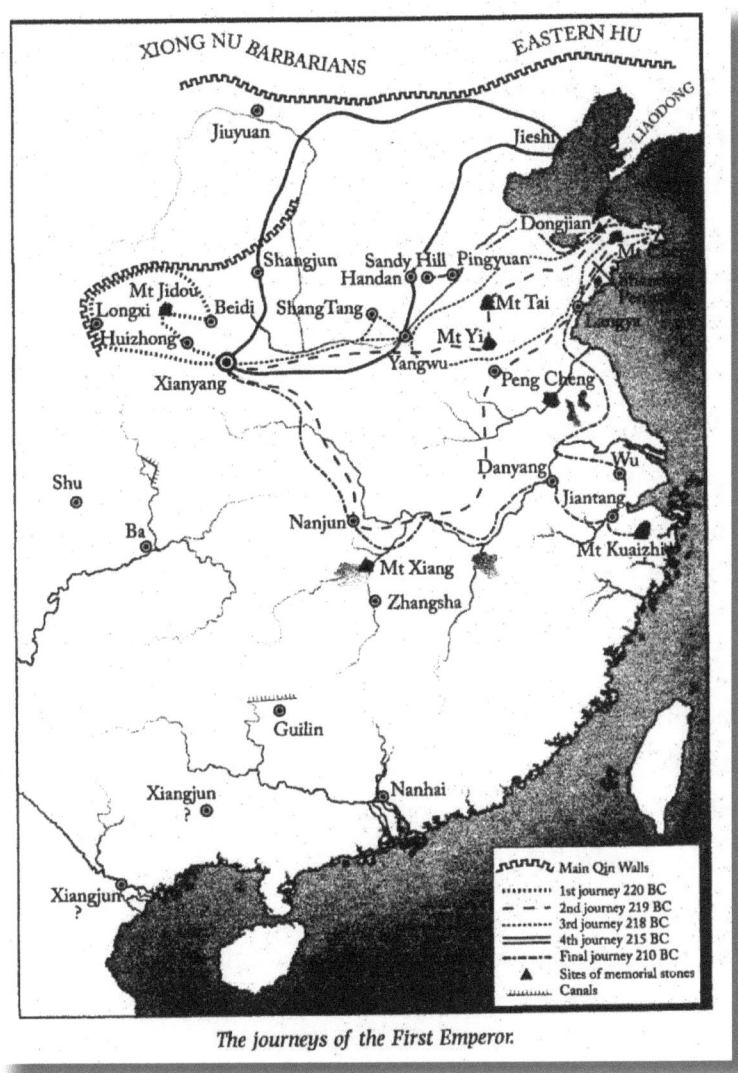

The journeys of the First Emperor.

(Karte aus: Clements, S.128)

Während seiner Regierungszeit unternimmt Qin Shihuangdi insgesamt fünf ausgedehnte Inspektionsreisen. Diese Reisen dienen nicht nur dazu, sein Reich zu besichtigen, sondern er bringt an glücksverheißenden Stellen auch Opfer. Im Shi Ji heißt es, er habe an 18 Bergen, 17 Flüssen und unzähligen Schreinen geopfert. Dabei bittet er darum, dass die Flüsse zur richtigen Zeit tauen und nicht über die Ufer treten, dass die Ernten reichlich ausfallen werden und dass er lange lebt, um alles sehen zu können. Als Opfergaben dienen Kühe und Kälber, Jade und Seide.

Während seiner Reisen hinterlässt der selbsternannte Sohn des Himmels an wichtigen Punkten Säulen, auf denen seine Heldentaten gerühmt werden, und er begibt sich gleichzeitig auf die Suche nach dem Elixier der Unsterblichkeit.

Im Jahre 219 v. Chr. unternimmt Qin Shihuangdi seine zweite Rundreise durch das Land. Er trifft dabei auf einen Zauberer namens Xu Fu, der ihn um Erlaubnis bittet, das Meer erkunden zu dürfen. Außerdem will der Magier drei Berginseln suchen, auf denen die Unsterblichen leben sollen.

Laut einer chinesischen Legende existieren drei mysteriöse Inseln tausende von Meilen entfernt im Ostchinesischen Meer.

Die Inseln Penglai, Fangzhang und Yingzhou

Hier leben angeblich Unsterbliche in Palästen aus purem Gold und Silber. Alle Tiere auf den Inseln sind von weißer Farbe, und es wachsen hier Kräuter, die ein ewiges Leben garantierten, im Überfluss. Man erzählt sogar, dass ein Mann, der schon drei Tage lang tot war, wieder zum Leben erwachte, nachdem man ihm einen Büschel dieser Kräuter aufs Haupt gelegt hatte. Die Inseln sind in Wolken gehüllt und sie können sich den Blicken vorbeifahrender Schiffe entziehen, indem sie unter Wasser sinken oder einen Wind entfachen, der die Schiffe forttreibt. Kaiser Qin Shihuangdi erlaubt Xu Fu, sich auf die Reise zu machen. Seine Flotte besteht aus Bambusflößen, die groß genug sind, Nahrung, Wasser und Menschen zu transportieren.

Als Xu Fu nach langer Zeit von der Reise zurückkehrt, erzählt er von seinen Abenteuern. Er behauptet, als er sich den Inseln genähert habe, sei ein Drache erschienen, der gefordert habe: Bring mir Menschen von hoher Geburt, Jungfrauen und Handwerker aller Art. Sobald ich das habe, wirst du die Kräuter der Unsterblichkeit erhalten. Der Erste Kaiser sucht 3000 Menschen mit unterschiedlichen Fähigkeiten aus, die imstande sein werden, eine Kolonie in fernen Landen zu gründen. Im Jahre 215 v. Chr. kann die Reise beginnen. Xu Fu nutzt sein Wissen über Sterne und Planeten, um im offenen Ozean zu navigieren. Im Wasser treibende Äste und Blätter weisen die Segler auf nahes Land hin und zeigen ihnen die Strömungen, die ihre Schiffe schneller vor-

anbringen. Doch abermals kehrt Xu Fu ohne die Wunderkräuter zurück. Zum Kaiser sprich er: „Es ist schon möglich, die Kräuter von Penglai zu bekommen, aber wir hatten Probleme mit riesigen Fischen, die uns nicht zur Insel ließen. Auf meiner nächsten Reise müssen mich Bogenschützen begleiten."

Da nun Xu Fu ohne die Wunderkräuter zurückgekommen ist und der Kaiser von Jadefrüchten hört, die auf den Bäumen dieser Inseln wachsen sollen und ewiges Leben schenken, so wünscht er sich in seinen etwas verrückten Träumen genau dorthin. Kurzerhand beschließt er, sich nun selbst der Sache anzunehmen.

Die Expedition der Tausend

„Ich werde mich ab sofort höchstpersönlich um die Auffindung der Inseln der Unsterblichkeit kümmern. Bevor ich mich dorthin begebe, schicke ich eine Vorhut zum Auskundschaften. Da es eine lange und gefährliche Reise werden wird, soll sich die Expedition, um über die größtmögliche innere Energie zu verfügen, zu gleichen Teilen aus insgesamt tausend jungen Mädchen und Knaben zusammensetzen. Das Wichtigste ist, dass alle Mädchen noch unberührt sind. Die Unsterblichen, die auf der Inselgruppe leben, werden es nicht wagen, so viel Jugend und Reinheit abzuweisen."

In Dongyin, der Hafenstadt am Meer, liegen drei Schiffe an einem für sie extra reservierten Kai bereit. Die bauchigen Rümpfe sind so lackiert worden, wie es ein eigens aus Xianyang herbeigerufener Lackiermeister empfohlen hat. Damit eine perfekte Abdichtung gewährleistet ist, wurden sie mit dem Harz aus Lackbäumen, das Salz und auch Säuren widersteht, bestrichen. Um die Unempfindlichkeit noch zu steigern, ließ man die Außenseiten der zinnoberrot angemalten Rümpfe mit einer Mischung aus Lackasche und Leinöl überziehen. Nun liegen die glänzenden Schiffe bereit, die Passagiere zu den verwunschenen Inseln zu bringen.

In Zweierreihen kommen die weißgekleideten jungen Menschen langsamen Schrittes zum Hafen. Des Kaisers Abgeordneter verabschiedet sie mit folgenden Worten:

„Es wird nicht ganz einen Monat dauern, bis ihr die Inseln der Unsterblichen erreicht. Dort werdet ihr ein oder zwei Tage bleiben, so lange wie ihr braucht, um möglichst viele Jadefrüchte zu pflücken. Nur ein Paar, welches durch das Los bestimmt wird, soll sich für eine längere Zeit dort niederlassen. Bei eurer Rückkehr wird euch der Kaiser hier, hoch oben auf der Terrasse von Langya, erwarten. Mögen die Götter mit euch sein!"

Der Kaiser besucht später während seiner Inspektionsreisen auch Langya, hält aber vergeblich Ausschau nach drei dickbauchigen Schiffen mit rotem Rumpf und weißen Segeln. Keiner der auserwählten Eintausend kommt wieder zurück. Eine Legende erzählt, die jungen Menschen seien auf einer japanischen Insel gelandet und hätten dort einen neuen Volksstamm gegründet.

Ein wesentlicher Grund für die langen Inspektionsreisen ist der Besuch der Heiligen Berge, um dort Opfer darzubringen. Schon seit Urzeiten gelten diese Plätze als Orte, an denen Menschen die Götter antreffen können.

Landschaftsdarstellung Tai Shan (Ming-Dynastie)

Der bedeutendste aller heiligen Berge ist der **Berg Tai**, der **Tai Shan**, auch Berg des Ostens genannt, der an der Grenze zum ehemaligen Heimatland des großen Weisen Konfuzius liegt. Hierhin pilgerten bereits die Kaiser der alten Reiche, um auf seinem schwer zugänglichen Gipfel Opfer zu bringen. Auch Qin Shihuangdi möchte an diesem geschichtsträchtigen Ort die Gunst der Götter erbitten.

Auf dem Weg zum **Tai Shan** hält die Karawane aber erst einmal beim **Berg Yi,** dem **Yi Shan,** an, um auch hier einen Gedenkstein aufzustellen. Dieser Stein zeigt eine besonders schöne Schrift, eine

Kalligrafie, von der man glaubt, dass Li Si höchst persönlich die Gravur überwacht hat. Das Gerücht macht schnell die Runde und immer mehr Leute kommen, um das Kunstwerk zu bewundern oder eine Steinabreibung zu erwerben. Folgende Worte sind zu lesen:

> *Man denke zurück an die Zeiten des Durcheinanders:*
>
> *Da zerteilte man das Land und errichtete Lehensstaaten, wodurch Rivalität zum Grundsatz erhoben wurde.*
>
> *Angriffe und Schlachten waren an der Tagesordnung.*
>
> *Man ließ Blut auf die Felder fließen. Dies begann im hohen Altertum.*
>
> *Unterdessen hat nun der Erhabene Gottkaiser die ganze Welt zu einer Familie vereint.*
>
> *Es wird kein Krieg mehr entstehen. Not und Unheil sind ausgemerzt.*
>
> *Die Schwarzschöpfe leben in Frieden und Sicherheit.*
>
> *Ihr Wohlergehen wird immerwährend sein.*

(Übersetzung Eckhard Schneider in: „Jenseits der großen Mauer", S.6)

Die vielen Besucher stören jedoch den Tagesablauf der Dörfler, und bald sind diese so genervt, dass sie einen Teil des Monuments mit Feuer zerstören. Da hat der Dorfälteste die Idee, eine Kopie der Steintafel anfertigen zu lassen und diese im Büro der Präfektur aufzustellen, damit die Besucher dorthin kommen und die Bauern ungestört ihrer Arbeit nach gehen können.

Glücklicherweise bekommt der Herrscher das aber nicht mit, denn er ist schon auf dem Weg zum **Tai Shan**. Traditionsgemäß errichteten neue Herrscher auf dem Gipfel einen Altar, auf dem sie dem Himmel Opfergaben darbrachten, anschließend begaben sie sich zum Fuße des Berges, wo sie auf einem kleinen Hügel der Erde opferten und beteten. Konfuzius und andere Gelehrte hatten in früheren Zeiten genaue Verhaltensweisen festgelegt, wie das Mandat des Himmels auszuführen sei. Nun ist das Volk der Qin aber ein kriegerisches Volk und selbst die Gelehrten in des Kaisers Begleitung sind mit den religiösen Ritualen nicht ganz vertraut. Um die Zeremonien genau auszuführen, braucht man deshalb Rat von außen. Nachdem mehrere Konfuzianer konsultiert worden sind, informieren die Ratgeber den Kaiser, dass der ganze Berg heilig sei und selbst die alten Könige nicht gewagt hätten, ihn zu verletzen. Sie hatten deshalb die Räder ihrer Wagen mit großen Blättern umhüllt, damit auf dem Weg nach oben die Wege nicht zerstört und die Pflanzen geschützt würden.

Der Besuch auf dem Tai Shan

Nachdem der Kaiser und sein Gefolge nun wissen, wie sie sich am heiligsten aller Berge zu verhalten haben, werden auch die Räder der kaiserlichen Karosse mit Blättern umwickelt, und da die Pferde zu viel Schaden anrichten würden, müssen Männer das Gefährt selber ziehen. Anfangs fügt sich der Kaiser widerwillig, aber es geht ihm zu langsam und schließlich befiehlt er, mit dem Unsinn aufzuhören. Er schreit: „Stoppt sofort! Unzählige Menschen sind durch die Hand meiner Soldaten gestorben, wir werden uns hier nicht Bäumen und Gras beugen. Nehmt die Blätter von den Rädern und schlagt mit euren Messern einen Pfad durch das Gestrüpp!"

Nun geht es schneller voran und oben angekommen führt der Kaiser die notwendigen Zeremonien in gebührender Haltung aus. Doch da verdunkelt sich plötzlich der Himmel, es beginnt zu stürmen und schließlich schüttet es wie aus Kübeln. Der Kaiser verkürzt umgehend seine Gebete und flüchtet sich in seiner nassen Kleidung unter eine Fichte. Während es um ihn herum blitzt und donnert, bittet er selbst den Baum um Gnade, denn dieses Unwetter kann nur ein Zorneszeichen der Götter sein.

Ramponiert und eingeschüchtert machen sich Qin Shihuangdi und sein Gefolge auf den Abstieg bis zum Hügel Liangfu, wo sie die vorgegebenen Zeremonien für die Erde abhalten. Anschließend wird auch hier ein Gedenkstein aufgestellt.

Es könnte sich um diesen Gedenkstein handeln:

Geil, W. E: "The Great Wall of China", S.26

Der Stein zeigt eine seltsame Darstellung von Vögeln und Fischen, und die Symbole bedeuten in etwa:

„Ich bin vom Himmel ausgezeichnet und genieße ein Leben ewigen Wohlergehens". Das ist das erste chinesische Siegel!

(Gedenksteine stehen unter anderem auf den Bergen Jidou, Cheng, Tai, Yi, Langya, Kuaizhi, Xiang)

Weiter führt die Reise zum **Berg Langya**. Der **Langya Shan** liegt in einer zauberhaften Gegend am Meer, und auch hier haben schon frühere Herrscher Opfer gebracht. Sie bauten vor langen Zeiten einen Turm, von dem man eine herrliche Aussicht auf das Meer hatte. Als Qin Shihuangdi ankommt, ist der Turm halb verfallen. Da es ihm hier aber so gut gefällt, beschließt er, das Bauwerk erneuern zu lassen. Gleichzeitig soll es dabei auch etwas vergrößert und verschönert werden, denn schließlich ist jetzt nicht nur ein König, sondern der Kaiser höchstpersönlich dafür verantwortlich. Zur Verwunderung aller möchte der von Gott Gesandte vor Ort bleiben und die Bauarbeiten überwachen. Er erklärt:

„In meinem Reich werden so viele Bauwerke errichtet, da ist dieser Turm eine Kleinigkeit. Ich bin sicher, dass die Arbeiten in vier Wochen erledigt sein werden!"

Sofort werden in den umliegenden Dörfern tausende Männer verpflichtet, die Steine und Material herbeischleppen müssen. Das Projekt dauert nicht Wochen, sondern mehrere Monate. Die Bauern sind erzürnt über die Verrücktheit des Kaisers, denn sie können ihre Felder nicht bestellen, die Ernte verkommt und ihre Familien hungern. In ihrer Wut dichten sie Klage- und Spottlieder, die sie singen, wenn sich keiner der kaiserlichen Schergen in der Nähe befindet. Als das Monument schließlich fertig ist, wird ein Gedenkstein aufgestellt, auf dem die kaiserliche Gnade gerühmt wird, die dem Volk Glück und Wohlstand bringt. Dann werden 30.000 Familien in diese liebliche Gegend umgesiedelt. Der Kaiser wird später noch einmal an diesen Ort zurückkehren, um nach den Schiffen Ausschau zu halten.

Auch der nächste Berg, den Qin Shihuangdi besucht, der **Berg Xiang**, oder **Xiang Shan**, wird ihm und seinem Gefolge in keiner guten Erinnerung bleiben. Kurz vor ihrem Ziel überqueren sie mit Booten einen See. Da kommt ein heftiges Unwetter auf und beinahe kentern die Boote. Der Kaiser erinnert sich an seinen unglücklichen Besuch auf dem Berg Tai und ist äußerst verstimmt. Da entdeckt er in der Ferne den Giebel eines Tempels und fragt nach dessen Bedeutung. Er hört folgende Erklärung: Der **Xiang Shan** ist die Grabstätte der beiden Prinzessinnen Ehuang und Nüyang, der Töchter des legendären Herrschers Yao. Die Geschichte der beiden Prinzessinnen erzählt man sich so:

Die Prinzessinnen Ehuang und Nüyang

Als die Prinzessinnen zu wunderschönen jungen Mädchen heranwachsen, werden sie Konkubinen von Shun, dem Nachfolger ihres Vaters. Beide Mädchen lieben Shun abgöttisch, und als er eines Tages nach einem Ausritt nicht zurückkommt, machen sie sich auf die Suche nach ihm. Sie kommen zum Fluss Xiang und wandern dort tagelang umher, können den Geliebten aber nicht finden. Ihre verzweifelten Tränen fallen auf die Bambus-

sträucher am Ufer und brennen dunkle Punkte in deren Stämme; so entsteht der „Gepunktete Bambus".

Die Menschen in der Umgebung ernennen die Prinzessinnen zu ihren Schutzpatroninnen und bauen ihnen als Begräbnisstätte einen Tempel, in dem sie regelmäßig Opfer darbringen. Darüber ist der Kaiser gar nicht entzückt.

Wutentbrannt

Der ärgerliche Qin Shihuangdi sieht die grünbewaldeten Hänge, hört, dass in diesem von ihm unterworfenen Reich Chu noch jemand anderes als er verehrt wird und erklärt in seiner Wut Folgendes: „Ehuang und Nüyang waren einfach nur Bettgenossinnen und ihnen gebührt weder Schrein noch Verehrung. Brennt den Schrein nieder! Den Berg selbst werde ich auch bestrafen! Lasst 3000 Gefangene herbringen, sie sollen die Berghänge vollständig roden und dann mit roter Farbe anstreichen. So wird weithin zu erkennen sein, was geschieht, wenn man den Sohn des Himmels erzürnt!"

Im Jahre 218 unternimmt Qin Shihuangdi schließlich eine weitere Reise in den Osten seines Landes in Richtung der Provinz Shandong.

Kaiserlicher Reisewagen

Der lange Tross besteht aus 36 Wagen, denn der Kaiser nimmt nicht nur den halben Hofstaat, sondern auch seine Frauen und Konkubinen mit. Das ist für die Betroffenen keineswegs angenehm.

Klage

„Ich bin Xia, die zehnte Frau des Kaisers. Ich habe einen Sohn. Sein Name ist Hu Hai. Der Kaiser hat 20 Söhne. Mein Sohn ist der achtzehnte.

Wir haben einen wunderschönen Palast in Xianyang. Meine Zimmer liegen zum Wei-Fluss hin und ich habe eine herrliche Aussicht. Die Wände meiner Gemächer sind mit kostbaren Gemälden von Blumen, Vögeln und Landschaften geschmückt.

Alle Menschen im Palast tragen schwarze Kleidung, denn Schwarz ist die Farbe der Qin-Familie und auch die Farbe des Kaiserreiches. Die Zahl des Reiches ist sechs und deshalb gibt es alles in sechsfacher Ausführung. Sechs Dienerinnen versorgen mich, und ich habe sechs schwarze Pferde.

Aber wir sind niemals in unserem herrlichen Palast. Viele Feinde wollen meinen Mann töten, und deshalb reisen wir immer im Reich umher. Niemals halten wir lange. Ich bin sehr müde!"

(Übersetzung nach Rollason, S.17)

Zu beiden Seiten des Trosses marschieren zum Schutz schwer bewaffnete Soldaten. Zwar gibt es Gerüchte über Banditen in der Gegend, aber das ist kein Grund, die Reise zu unterbrechen. Viele der Wagen sind von gleichem Aussehen, damit niemand weiß, in welchem von ihnen der Kaiser reist, und diese Vorsichtsmaßnahme ist hier angebracht.

Ein Überfall

An einem sonnigen Frühlingsmorgen bewegt sich die Karawane durch eine enge Schlucht. Plötzlich fliegt, wie vom Himmel kommend, ein riesiger Steinbrocken auf eine der vorderen Karossen. Er soll die kaiserliche Karosse treffen, aber der Kaiser befindet sich an diesem Tag in der folgenden und muss nur vor den herumfliegenden Splittern geschützt werden. In heller Aufregung wird nach dem Attentäter gesucht, und es gelingt den Soldaten, einen Mann namens Cang Hai Gong zu fassen.

Der Gefangene wird zu Li Si und Zhao Gao zum Verhör gebracht. Wohl wissend, dass er sterben wird, schreit er: „Dieser einfältige und aufgeblasene Kaiser hat sechs Staaten überrannt und die Prinzen getötet. Wie kann er nur glauben, dass all die loyalen Offiziellen nicht auf Rache sinnen! Es tut mir nur leid, dass ich meinem jungen Herrn nicht dienen konnte!"

Mit diesen Worten reißt er sich los, rammt seinen Kopf gegen eine steinerne Säule und stirbt. Die Soldaten enthaupten den Leichnam und stecken das zerschmetterte Haupt auf die Mauer der nächsten Stadt.

Li Si und Zhao Gao aber forschen nach, was die letzten Worte bedeutet haben, und finden schnell heraus, dass ein junger Mann namens Ji Ping hinter dem Anschlag steckt. Ji Ping ist der Sohn eines früheren Premierministers im Han-Reich. Er will sich für die Unterwerfung rächen und plante, wie der Prinz von Yan, den Anschlag von langer Hand. Mit Cang Hai Gong fand er einen Kandidaten, der übermenschliche Kräfte besaß und schwere Lasten weit werfen konnte. Nur leider verfehlte er das Ziel. Ji Ping *aber gelingt die Flucht, und er wagt sich erst wieder nach des Kaisers Tod in seine Heimat zurück.*

Doch nicht nur auf Reisen, auch in der Hauptstadt kann sich der Kaiser seines Lebens nicht sicher sein!

Ein Abendspaziergang

Im Jahre 216 v. Chr. macht der Kaiser am Abend in Xianyang einen Spaziergang, um die Stimmung im Volk zu erkunden. Er hat sich als einfacher Arbeiter gekleidet und auch vier seiner Soldaten, die hinter ihm gehen, tragen keine Uniform. Niemand in der Stadt weiß, dass der Kaiser unterwegs ist. Niemand außer seinen engsten Vertrauten hat jemals sein Gesicht gesehen. Da kommen drei Gauner und glauben, den spazierenden Mann berauben zu können. Schnell umrunden sie ihn und versuchen dabei, seinen Beutel mit Münzen zu greifen. Aber die Soldaten reagieren schnell und nehmen die Räuber gefangen. Sie werden abgeführt und umgehend enthauptet.

Nach diesem Vorfall nimmt die Angst des Kaisers vor Mördern weiter zu; überall wittert er Feinde. Seine kurzen Inspektionsreisen unternimmt er nur noch bei Tageslicht, und auch da ist er nicht vor Unbill gefeit.

Die heißen Quellen am Li Shan

Eines Tages kommt Qin Shihuangdi auf einer kurzen Erkundigungsfahrt am Berg Li Shan vorbei. Hier entdeckt er einen Tempel, der von vielen Menschen besucht wird. Neugierig fragt er seinen Begleiter, was das für ein Ort sei. Und er hört Folgendes:

Zu Beginn allen Lebens hat die Göttin Nüwa an dieser Stelle die Menschen aus Ton geformt. Auch schloss sie von hier aus mit kostbaren bunten Steinen ein Loch im Himmel. Einer der Steine blieb übrig und am Boden liegend zurück. Da beschlossen die Menschen der Göttin zu danken, und sie bauten in dieser herrlichen Landschaft einen Tempel zu ihren Ehren.

Der Kaiser entdeckt die lebensgroße Statue der Göttin, stellt sich vor ihren Schrein und träumt von einer neuen Konkubine, die so schön wie Nüwa sein soll. Als er noch ein wenig näher tritt, um ganz genau zu schauen, öffnet die Göttin plötzlich ihren Mund und spuckt dem Erhabenen ins Gesicht. Qin Shihuangdi erschrickt und läuft voller Angst davon. Im Palast angekommen, bemerkt er auf seiner rechten Wange einen schwarzen Fleck; es ist ein Geschwür, das wächst und schmerzt. Schnell wird der kaiserliche Hofarzt gerufen, aber der weiß auch keinen Rat.

Xiang Ping, ein Beamter, der mit dem Kaiser beim Tempel war, rät: „Majestät, Ihr seid der Herrscher über alle Menschen, wenn Ihr zum Tempel zurückkehrt und Euer Verhalten bereut, dann wird Euch die Göttin vielleicht vergeben!"

Widerwillig begibt sich Qin Shihuangdi zurück zum Berg Li Shan. Er kniet vor der Göttin, verbrennt Räucherstäbchen und bittet um Vergebung. So geschieht es Tag um Tag. Da springt eines Morgens aus einem Opfertopf ein Bambusstreifen mit den Worten
„Heißes Wasser für die Wunde".

Der Kaiser ist verblüfft und sieht plötzlich alle Diener weglaufen. Sie kommen zurück und erzählen, dass am Fuße des Berges etliche heiße Quellen sprudeln. Es heißt, die Göttin habe einen Zweig in ihren Zaubertopf gesteckt und die Tropfen auf den Berg fallen lassen. Wo immer diese die Erde berührten, stieg dampfendes Wasser empor. Nun weiß Qin Shihuangdi, dass ihm vergeben ist. Er benetzt mit dem wundersamen Nass seine Wunde und schon lässt der Schmerz nach.

Die „Heißen Quellen" (43 Grad warmes Thermalwaser) in Hua-qing am nördlichen Fuß des Li Shan sind heute noch ein beliebtes Ausflugsziel. Während der Tang-Dynastie (618 - 907) ließ Kaiser Xuangzong im Jahre 748 die ursprüngliche Palastanlage errichten, in welcher er mit seiner Lieblingskonkubine Yang Guifei nahezu den kompletten Winter zu verbringen pflegte.

Die Suche nach Unsterblichkeit

Qin Shihuangdi versucht nun verstärkt ein Mittel zur Unsterblichkeit zu finden. Da von den magischen Inseln Penglai, Yingzhou und Fanzhang keine Kunde gekommen ist, lässt er sich auf neue Abenteuer ein.

Begegnung auf dem Marktplatz

Eines Tages wandert der Kaiser wiederum inkognito mit vier Begleitern durch Xianyang. Plötzlich hört er auf dem Marktplatz jemanden singen: „Das ist die Geschichte von einem Mann namens Mao Ying. Dieser Mao Ying studiert die Alchemie der Taoisten, denn die Legende erzählt, dass sein Urgroßvater namens Mao Chucheng einen Weg gefunden hat, unsterblich zu werden. Ihm gelang es, von Wolken umhüllt, auf dem Rücken eines Drachen gen Himmel zu reiten."

Der Kaiser spricht zu sich selbst: „Ob man wirklich unsterblich wird, wenn man den taoistischen Lehren folgt?" Das hört der alte Mann und antwortet spontan: „Jeder kann unsterblich werden, solange er wie die taoistischen Meister lebt."

Zurück in seinem Palast beschließt der Kaiser die Lehren des Taoismus zu studieren und dabei zu ergründen, ob er auf diese Weise seinem Wunsch nach ewigem Leben näher kommen kann. Er erfährt, dass die alten taoistischen Meister in der Natur zwischen Bergen und Seen verweilten und dort ein einfaches Leben in Nachdenklichkeit führten, bis sie sich schließlich von den irdischen Problemen lösten und unsterblich wurden. Das will der Kaiser nun ebenfalls versuchen, aber gemäß seiner Art beginnt er mit brachialer Gewalt. Anstatt in die Natur zu wandern und sich zurückzuziehen, wie es der alte taoistische Weise Lao Zi getan hat, ordnet er an, schnellstmöglich ein Naturparadies nahe seiner Residenz zu schaffen. Die Gartenarbeiter machen sich südlich der Hauptstadt sogleich ans Werk. Sie heben eine riesige Grube aus und füllen sie mit Wasser, das vom Wei-Fluss umgeleitet wird. Um den so entstandenen See werden Felsbrocken aufeinander gehäuft, die Berge symbolisieren sollen. Auf diesen Höhen entstehen Gebäude, in denen himmlische Wesen residieren können. Das alles wird von prachtvoll gestalteten Gärten umgeben. In dieses künstliche Paradies zieht sich der Kaiser nun häufig zurück und hofft, taoistische Erleuchtung zu erlangen.

Da jedoch keine Drachen erscheinen, die ihn gen Himmel führen, sucht Qin Shihuangdi immer obsessiver nach neuen Wegen, unsterblich zu werden. Und wieder folgt er dem Rat eines taoistischen Magiers. Es ist Meister Hu.

„Oberster Herrscher", spricht Meister Hu, „Eure Diener und viele andere suchen nach einem magischen Pilz, nach raren Elixieren, nach Zauberperlen, Jade und Gold, aber niemand hat Erfolg. Irgendetwas muss uns daran hindern. Ein Wesen des Zaubers ist jedoch, dass man unsichtbar reist, um den bösen Geistern zu entgehen. Es sind die bösen Geister, die verhindern, dass Eure

Majestät zum ‚Wahren Wesen' wird. Wenn Eure Untertanen wissen, wo Ihr Euch befindet, vermindert das die magische Kraft. Ein ‚Wahres Wesen' begibt sich ins Wasser und wird nicht nass, es tritt ins Feuer und brennt nicht, es durchquert Wolken und Dünste ohne Gefahr und lebt so lange wie Himmel und Erde. Ihr, Oberster Herrscher, habt alle Länder unter dem Himmel vereint, aber Ihr könnt keine Ruhe finden. Ich wünschte, Eure Untertanen wüssten nicht, in welchem Palast Ihr Euch wann aufhaltet. Nur wenn das geheim ist, kann vielleicht das Elixier des ewigen Lebens gefunden werden."

Qin Shihuangdi ergreift sofort die Initiative und ordnet an, dass sämtliche Palastanlagen in weitem Umkreis durch Tunnel oder umwallte, nicht einsehbare Straßen miteinander verbunden werden. Von nun an soll niemand von außerhalb mehr wissen, in welchem der 270 Paläste der Kaiser gerade weilt, und jeder Palastangestellte, der seinen Aufenthalt preisgibt, wird mit dem Tode bestraft.

Wo ist der Kaiser?

Als der Kaiser eines Tages im Palast am Li Shan weilt, entdeckt er zufällig am Fuße des Berges eine Menge Wagen, die zur Entourage seines Kanzlers gehören. Wütend, dass so viele Leute wissen, wo er sich aufhält, erklärt er: „Das sind die Eunuchen, die sich nicht an meine Order halten. Ich werde herausfinden, wer der Verräter ist!"

Alle werden verhört, jedoch niemand gesteht. So wird jeder, der zur Stelle war, umgehend geköpft, und die Häupter werden zur Abschreckung auf Stangen gespießt und zur Schau gestellt. Von nun an wissen wirklich nur noch seine engsten Berater, wo Qin Shihuangdi sich aufhält.

Doch auch diese Maßnahmen bringen den Herrscher seinem Ziel nicht näher, und so verschwendet er weiterhin Unsummen an Staatsgeldern für Ratschläge von Schamanen und Alchimisten. Die Alchimisten, sogenannte Heiler, experimentieren in ihren Labors mit Quecksilber. Sie stellen Pillen her, indem sie das Metall mit Jadepulver vermischen. Ihre angeblichen Wundermittel beschleunigen jedoch, ohne das Wissen oder die Absicht ihrer Zubereiter, den geistigen und körperlichen Verfall des Kaisers. In den Jahren ab 214 v. Chr. zeigen sich die Symptome einer chronischen Quecksilbervergiftung. Die fortschreitende Schädigung des Nervensystems steigert schließlich die Paranoia von Qin Shihuangdi ins Maßlose.

Die Bücherverbrennung

Im Jahre 213 v. Chr. kommt es während eines Festmahls mit den wichtigsten Gelehrten des Landes zu einem folgenschweren Eklat. Der Abend beginnt noch fröhlich. Qin Shihuangdi hat um die 70 ausgesuchte Gelehrte in einen seiner Paläste in Xianyang eingeladen. Bei einer solchen Feierlichkeit wird auf das Wohl des Herrschers getrunken, und jede Lobrede wird begleitet von einigen Worten desjenigen, der sein Glas hebt. Wissend wie jähzornig der Kaiser ist, wird ihm von den Rednern gehuldigt. Sie preisen ihn vollmundig, den Frieden hergestellt zu haben, indem er das Land in Kommandanturen und Kreise aufteilte, anstelle es in König- und Herzogtümer zu zerteilen, wie es die Vorgängerdynastien getan haben. Auch der oberste Bogenschütze spricht die erwarteten schmeichelnden Worte. Als jedoch der Gelehrte Chunyu Yue aus dem Staate Qi (einem Staat, der bekannt ist für seine vielen Anhänger von Konfuzius) an der Reihe ist, sieht er es als seine Pflicht an, seine eigene Meinung kund zu tun, und beflügelt vom Alkohol spricht er:

„Majestät, wie ist es möglich, dass Ihr solch ein großes Land regieren könnt, ohne die Hilfe Eurer Familienangehörigen? Oder, um es einfacher zu sagen: Wie könnt Ihr regieren ohne das Feudalsystem, das seit der frühen Zhou-Dynastie herrschte und welches die Konfuzianer als Idealmodell für gute Regentschaft ansahen?"

Diese Frage ist eine direkte Kritik an der Regierungsform von Qin Shihuangdi, denn dieser hat ja ganz bewusst die Feudalstaaten zerstört und die Familienherrschaften beendet. Der Kaiser ist äußerst erbost ob dieser Ungehörigkeit, aber Li Si scheint mit einem solchen Zwischenfall gerechnet zu haben; er erhebt sich und hält eine flammende Rede, die offensichtlich vorbereitet ist:

„Majestät, diese Gelehrten lernen nicht von der Gegenwart, sondern von der Vergangenheit, und kritisieren damit unsere Zeit

und stürzen die Schwarzhaarigen (die Bauern) in Verwirrung. Wenn sie hören, dass ein kaiserlicher Befehl ergangen ist, debattieren sie ihn je nach ihrer Lehrmeinung. Bei Hofe kritisieren sie ihn im Herzen; draußen reden sie darüber in den Straßen. Den Herrscher zu diskreditieren ist ein Weg berühmt zu werden. Sie leiten ihre Schüler dazu an, üble Nachrede zu üben. Wenn Dinge wie diese nicht verboten werden, wird die Macht des Herrschers oben geschwächt, und unten bilden sich Parteien. Ich bitte deshalb darum, alle Aufzeichnungen, die nicht aus dem Reiche Qin stammen, zu verbrennen. Außer den Exemplaren, die in der kaiserlichen Hofakademie liegen, sollen alle Lieder, Urkunden und alle Schriften der Hundert Schulen, die irgendjemand im Reich aufzubewahren gewagt hat, zu den Gouverneuren und Kommandanten gebracht werden. Jeder, der es wagt, über die Lieder und die Urkunden zu diskutieren, soll auf dem Marktplatz hingerichtet werden. Diejenigen, die das alte System heranziehen, um das neue zu kritisieren, sollen mitsamt ihren Familien exekutiert werden. Beamte, die von diesen Verbrechen hören oder von ihnen wissen, ohne sie zu verfolgen, sollen genauso bestraft werden wie diese Kriminellen. Dreißig Tage, nachdem dieses Dekret ergangen ist, wird jeder, der seine Bücher noch nicht verbrannt hat, mit dem Brandmal im Gesicht und Zwangsarbeit bestraft; ausgenommen sind nur Bücher über Medizin, Orakelkunde und Landwirtschaft."

(Cay Rademacher in „Das Alte China", GEO EPOCHE Nr. 8, Gruner & Jahr, Hamburg, Deutschland, 2002)

Und so werden die Chroniken der Feudalstaaten und alle Lehrbücher des Konfuzius zusammengetragen und öffentlich verbrannt. Nur eine Kopie des jeweiligen Werkes darf im zentralen Qin-Archiv aufbewahrt werden. Im Stadtzentrum errichtet man Dutzende von Scheiterhaufen, sowohl entlang den Hauptstraßen als auch genau in der Mitte der Stadt, auf der zentralen Kreuzung, wo die Durchgangsstraßen aufeinandertreffen. Der gewaltige Bronzedreifuß, das Ritualgefäß der Mingtang, jenem ehrwürdigen Tempel, in dem der Kaiser das Mandat des Himmels erhalten hat, dient als wichtigster Verbrennungsort für diese unselige Aktion. Das riesige Gefäß wird mit den seltensten Büchern der Hofbibliothek gefüllt, die Schreibstubengehilfen karrenweise herbeischaffen. Bewaffnete Soldaten ziehen in den Straßen Gefährte hinter sich her, auf denen sich Rollen aus Bambustäfelchen und beschriebener Seide zu Hunderten stapeln. Männer, die häufig nur ein einziges kaum leserliches Buch tragen, kommen heran, um die Schriften ins Feuer zu werfen. Sie erhalten anschließend eine Verbrennungsurkunde mit kaiserlichem Siegel. Diese gilt als Beweis dafür, dass sie dem Erlass Folge geleistet und somit keine der drastischen Strafen zu befürchten haben.

Drei Tage lang brennt das Feuer im riesigen Bronzekessel. Das Reich der Mitte steht im Begriff, sein Gedächtnis zu verlieren, aber der Kaiser ist zufrieden, denn er glaubt, die Lehren des Konfuzius ausgerottet zu haben und nun ungestört nach den strengen Gesetzen des Legalismus regieren zu können.

Tod der Gelehrten

Inzwischen sehen die Taoisten ein, dass sie dem Gottgesandten nicht zur Unsterblichkeit verhelfen können und verlassen aus Furcht vor seinen Zorn ohne Vorankündigung die Hauptstadt. Im **Shi Ji** wird dazu folgendermaßen berichtet:

Als der Kaiser von ihrer Flucht erfährt, ist er vor Wut außer sich: „Ich habe alle Schriftwerke des Reiches gesammelt und diejenigen verbrannt, die ohne Nutzen waren", tobt er. „Ich habe Scharen von Gelehrten und Alchimisten zusammengeholt, um die Regierung des Friedens zu beginnen, in der Hoffnung, dass die letzteren wunderbare Kräuter finden würden... (Stattdessen haben sie) Millionen verschwendet, ohne irgendein Elixier zu beschaffen... (während) die anderen Gelehrten mich verleumden und sagen, dass ich der Tugend entbehre. Ich habe in der Hauptstadt Auskünfte über die Gelehrten einholen lassen, und ich muss feststellen, dass einige von ihnen gehässige Gerüchte verbreiten, um das Volk zu verwirren."

Li Si hat diese Umfrage über die Gelehrten überwacht. Die Hofbeamten zeigten sich jedoch unterwürfig und furchtsam und sie diffamierten einander. Schließlich werden 460 Gelehrte der Nichtachtung von Gesetzen beschuldigt und auf Geheiß des Kaisers bei lebendigem Leibe begraben.

Eine höchst unwahrscheinliche Legende erzählt, Qin Shihuangdi habe die Gelehrten eingeladen, außergewöhnlich schöne Winter-Melonen zu bewundern. Als die Männer näher traten, stürzten sie alle in eine riesige Grube, die unter den Früchten als Falle ausgehoben worden war.

Der Tod der Gelehrten gilt als Abschreckung für alle Andersdenkenden im Reich. Nur Fu Su, der älteste Sohn des Kaisers, wagt es, seinen Vater auf das Geschehen anzusprechen. Er bittet um eine Audienz.

„Oberster Herrscher, die verschiedenen Königreiche habt Ihr vereint, aber die Schwarzhaarigen in den entfernten Gebieten sind sich des neuen Reiches noch nicht sicher. Sie müssen Männer und Söhne zur Fronarbeit schicken, sodass Frauen und Kinder hungern. Viele der Gelehrten im Land loben und preisen noch immer die Lehren des Konfuzius, Ihr aber folgt den strengen Gesetzen des Legalismus. Eure Untertanen fürchten sich und leiden durch Unterdrückung und Willkür; die Gelehrten kritisieren Eure Gesetze und die Verschwendung von Geldern für Wunderheiler und Scharlatane. So kann kein Friede im Land entstehen. Ich flehe Euch an, Eure Anweisungen sorgfältig zu bedenken und Milde walten zu lassen!"

Doch auch der erste Sohn darf den Kaiser nicht kritisieren, und Fu Su wird umgehend aus der Hauptstadt verbannt und zu Meng Tian an die Große Mauer gesandt.

Die große Mauer

Nachdem im Inneren des Landes die Verwaltung funktioniert, muss nun das geeinte Reich geschützt werden. Natürliche Grenzen bilden die See im Osten und das Tibetanische Plateau sowie der Dschungel Indochinas im Südwesten und Süden, aber die Nomaden der mongolischen Steppe, das Reitervolk der Xiongnu, machen immer wieder Probleme. Da besinnt sich der Kaiser auf einen seiner fähigsten Generäle, auf **Meng Tian**, der einer Familie erfahrener Offiziere und Architekten entstammt. Im Jahre 214 v. Chr. erhält dieser Mann den Auftrag, die rudimentären Mauerreste im Norden des Landes zu erneuern, sie zu verbinden und gleichzeitig eine große Mauer mit Festungen zu bauen.

Meng Tian beginnt mit dem Aufbau der Großen Mauer, die eine ans Wunderbare grenzende Ingenieursleistung darstellt. Dazu braucht er aber Hunderttausende Arbeiter, und die werden unbarmherzig herbeigeschafft. Da sind zum einen die Soldaten der besiegten Völker, denn der Kaiser hat verfügt, dass keine Gefangenen am Leben gelassen werden. Jeder Gefangene hat die Wahl durch das Schwert zu sterben oder an der Mauer zu bauen. Gleichzeitig werden alle Verbrecher im Lande nach Norden geschickt und junge Männer in Dörfern und Städten zwangsverpflichtet.

Die wundersame Peitsche

Als Meng Tian zum Mauerbau berufen wird, weiß er nicht, wo genau die Grenzen verlaufen sollen, und er bittet den Kaiser um Anweisungen. Dieser konsultiert seine Berater, aber selbst die können ihm keinen Rat geben. Da spricht Zhao Gao: „Majestät, warum befragt Ihr nicht die klugen Leute im Volk?"

Der Kaiser macht sich auf und muss feststellen, dass es in den Dörfern kaum noch Männer gibt. Entweder sie sind zum Mauerbau verpflichtet worden oder sie haben sich versteckt, um diesem Leid zu entgehen. Eines Tages aber trifft er in einem einsamen Bergdorf auf eine alte Frau, die unter einer Ulme sitzt und spinnt.

Der Kaiser tritt zu ihr und fragt: „Warum bist du nicht weggelaufen?" Da antwortet die Alte: „Warum sollte ich fliehen? Nach all den unruhigen Jahren hat der Kaiser nun das Land geeint und lässt eine Mauer bauen, da bleibe ich hier."

Qin Shihuangdi ist erfreut über diese Aussage und fragt: „Was meinst du wohl, wo die Mauer beginnen sollte?" – „Dort wo der Goldene Ochs in die See geht!", erhält er zur Antwort. „Aber wo ist das?" – „Geht heute Nacht auf den Longmen Hügel und Ihr werdet sehen!"

Am Abend schickt der Kaiser Meng Tian an die angegebene Stelle. Als es Mitternacht ist, sieht er, wie plötzlich ein goldener Ochse, umgeben von einer Myriade goldener Strahlen aus den nordöstlichen Bergen kommt und zu der Südlichen See läuft, wo er sich mit dem schwarzen Drachen einen erbitterten Kampf leistet. Erst nach zwei Stunden kehrt der Ochse wieder zu den Bergen zurück.

Als Meng Tian das Geschehen dem Kaiser berichtet, entscheidet dieser: „Zeichne den Weg des Ochsen nach, das wird der Verlauf der Großen Mauer sein!"

Meng Tian übernimmt diese schwierige Aufgabe, denn der Pfad führt über Berge, durch Täler, über Flüsse und Kliffs. Die Männer stöhnen unter der Last der Steine, die sie transportieren müssen, und unzählige sterben. Da wird Unmut unter den Arbeitern laut, und sie sind zornig auf die Alte, die diesen Weg vorgegeben hat.

Eines Tages machen sich einige Männer auf ins Dorf und fragen die Frau, wie sie sich die Arbeit erleichtern können. Die Alte gibt jedem von ihnen drei Stränge ihres gesponnen Garns und spricht: „Die Steine werden viel leichter zu tragen sein, wenn ihr sie hiermit umwickelt!"

Wie erleichtert sind die Arbeiter, als sich die Worte bewahrheiten. Bei seinem nächsten Rundgang sieht Meng Tian, wie die Männer schwere Steine mit Leichtigkeit zur Mauer bringen. Verwundert fragt er nach und erfährt die Geschichte. Umgehend erstattet er dem Kaiser Bericht. Dieser schickt Boten ins Dorf und lässt alles gewebte Garn einsammeln und anschließend zu einer Peitsche binden.

Man überreicht dem Kaiser diese ungewöhnliche Peitsche, und als er sie ausprobiert, beginnen hohe Berge zu zittern. Nun schlägt er kräftiger und sofort zerspringen Felsen mit Donnerknall. Das gefällt dem Herrscher; freudig lässt er seine Zauberpeitsche tanzen. Da werden erstaunlicherweise die Brocken gleich sortiert: verwertbare Steine fliegen in Richtung Mauer und die anderen zur See hin.

Der schwarze Drache hört den Lärm und türmt Wellen auf, um die Steine zu stoppen. Diese formen am Ufer einen Drachenkopf. Als der Kaiser das sieht, spricht er: „Herrlich, die Mauer wird hier anfangen!"

So wird die Strecke festgelegt und der Bau des Wunderwerks kann beginnen.

Die Sterberate unter den Arbeitern ist sehr hoch, und es wird gemunkelt, dass es pro Meter Mauer einen Toten gibt, dessen Gebeine mit verscharrt werden. Deshalb ist es kaum verwunderlich, dass die Mauer im Volksmund als „Der längste Friedhof der Welt" bzw. „Mauer der Tränen" genannt wird. In einer Ode heißt es:

„Siehst du nicht?

Die lange Mauer ist

auf Skeletten errichtet?"

Die Arbeiter klagen:

„Wir kämpfen südlich der Mauer,

wir sterben nördlich der Mauer.

Wenn wir sterben, unbestattet in der Wildnis,

fressen die Krähen unsere Leichen."

Einer Legende nach soll einer der Gefangenen sein Geschick folgendermaßen beklagt haben:

Ehuangs Geschichte (215 v. Chr.))

Ich bin im Königreich Chu geboren, aber nun bin ich ein Gefangener der Qin. Man hat mich als Soldat in den Norden des Kaiserreichs gebracht. Wir bauen eine Mauer am Fluss entlang im ehemaligen Königreich Zhao. Die Männer tragen Felsstücke von den Bergen zur Mauer, die Frauen mischen Reispulver, Muschelkalk und gestampfte Erde mit Wasser und füllen dann den Brei zwischen die Steine. Wir arbeiten den ganzen Tag und die halbe Nacht. Wenn wir zu langsam sind, werden wir mit Peitschen geschlagen. Es ist sehr kalt, aber wir bekommen gut zu essen, denn ohne Nahrung können wir nicht schwer arbeiten. Viele von uns sterben. Zwei Männer starben gestern. Heute Morgen starb eine Frau neben mir. Wir legen alle toten Arbeiter zwischen die Steine in die Mauer. Ich muss noch vier Winter hier oben bleiben. Ich glaube, dass ich hier sterbe. (Übersetzt nach Rollason, S. 25)

Die hohe Sterberate kommt auch dem Kaiser zu Ohren und er fürchtet um die zügige Vollendung dieses Projektes.

WAN

Bei einer Konsultation mit seinem Magier erfährt Qin Shihuangdi Folgendes: Die Große Mauer, der Schutzwall gegen die

mongolischen Nomaden, wird erst dann fertig sein, wenn „WAN" oder 10.000 Menschen in ihr begraben sind. Diese Prophezeiung ist selbst für den herzlosen Kaiser verstörend, und er findet eine in seinen Augen passende Lösung.

Sofort schickt er Boten aus, die unter den Arbeitern nach einem Mann namens „WAN", was 10.000 bedeutet, suchen. Es dauert nicht lange und die Späher finden einen jungen Bauern mit diesem Namen. Das ist leider das Ende des armen Mannes. Er wird gefangen genommen, geköpft und sein Leichnam wird in der Mauer eingegraben.

In den Augen des Kaisers ist das Problem nun gelöst, und erleichtert wendet er sich anderen Aufgaben zu.

Die Menschen aber fürchten ihren Kaiser und beklagen ihr Schicksal. Eine wohlbekannte und in vielen Variationen erzählte Geschichte ist die von Meng Jiang- nü:

Die treusorgende Meng Jiang-nü

Meng Jiang-nü lebt in jenen Tagen in der Provinz Shaanxi. Sie hat gerade geheiratet, da wird ihr Ehemann zur Zwangsarbeit an der Mauer verpflichtet. Als der Winter kommt, macht sich die junge Frau ständig Sorgen über die schwere Arbeit, die ihr Geliebter in dem rauen Grenzgebiet des Nordens verrichten muss. Da sucht sie eines Tages warme Kleidung zusammen und macht

sich auf den Weg, ihn zu suchen. Sie wandert Tausende von Meilen über Berge und Flüsse, bis sie schließlich die Baustelle erreicht. Dort muss sie feststellen, dass ihr Ehemann gestorben und sein Leichnam eingemauert ist. In ihrem Schmerz weint Meng Jiang-nü so bitterlich, dass sich der Himmel verdunkelt und sich ein Teil der Mauer öffnet, um die Gebeine ihres Gatten freizugeben. Die junge Frau sammelt die Knochen ein und stürzt sich mit ihnen ins Meer.

An diesen Ort des Schreckens reist nun Kronprinz Fu Su, und aufgrund der politischen Machenschaften bei Hof wird er seinen Vater nie wiedersehen.

Der Kaiser kann weiterhin nicht in Ruhe leben. Im Jahre 211 v. Chr. fällt ein großer Meteorit vom Himmel und schlägt als Stein in der Nähe der Hauptstadt ein. Das Volk, das unter seinem strengen und grausamen Herrscher leidet, ist entsetzt und sagt ein großes Unglück voraus. Aufrührer meißeln eines Nachts heimlich folgende Inschrift in den Stein:

> *Der Kaiser wird sterben und sein Reich wird zerfallen!*

Als die kaiserlichen Kundschafter Qin Shihuangdi davon berichten, überfällt ihn Todesangst. Späher werden ausgesandt, um den Aufrührer zu finden. Da sie ohne Erfolg zurückkehren, gibt der Kaiser folgenden Befehl:

„Der Stein wird zermahlen, der Sand wird verstreut! Da sich niemand zu der Schandtat bekennt, wird die Bevölkerung im Umkreis von 40Li (2Li = 1km) hingerichtet!"

Und so geschieht es. Von nun an verbirgt sich der Kaiser noch mehr als zuvor. Niemand außer seinen engsten Ratgebern bekommt ihn zu Gesicht, und er verkehrt ansonsten nur noch mit Priestern und Wahrsagern. Um seinen Geist zu beruhigen, lässt er die Gelehrten Gedichte und Lieder über die „Unsterblichkeit" und die „Wahren Wesen" schreiben. Die jüngsten seiner 3000 Konkubinen müssen Tag und Nacht durch den Palast ziehen und diese Weisen singen; auch auf seinen Reisen begleitet ihn die himmlische Musik.

Die Hauptstadt Xianyang

In seiner Großmannsucht lässt Qin Shihuangdi seine Hauptstadt zu einer Metropole ausbauen, die sich mit Alexandria und Karthago, den damaligen Riesenstädten der westlichen Antike, messen kann. Xianyang, am Fluss Wei gelegen, ist nun 18 Kilometer lang und 13 Kilometer breit. Hier leben rund 800.000 Menschen, und es entstanden binnen zehn Jahren im Zeitraum von 220 v. Chr. bis 210 v. Chr. etwa 280 Paläste, verschiedene Parks und Pavillons. Die Gebäude bestehen größtenteils aus farbig bemaltem Holzfachwerk und verputzten Ziegelwänden. Keramikkacheln schmücken die Dächer, und die Endziegel sind mit glücksbringenden Symbolen verziert. Das Innere der Anwesen ist mit kostbarsten Möbeln und Gemälden ausgestattet.

In diesen prächtigen Gemächern leben der Kaiser mit seinen Konkubinen, seinen Kindern und unzähligen Höflingen. Eine besondere Rolle spielen dabei die Eunuchen. Die kastrierten Männer wurden entweder zur Strafe verstümmelt, von ihren Familien verkauft oder sie haben das Los selbst gewählt, um Zugang zum kaiserlichen Palast zu bekommen. Dafür nehmen sie die schmerzhafte Operation auf sich. Äußerst wichtig ist, dass sie danach ihr „Schatzkästchen" erhalten. Es handelt sich hierbei um eine winzige Schachtel oder ein Täschchen mit den abgetrennten Geschlechtsteilen. Der Eunuch trägt es immer mit sich, denn wenn er stirbt, ohne seine Attribute dabei zu haben, weigern sich seine Verwandten, den verstümmelten Körpern zu bestatten und den Totenkult für den Verstorbenen zu zelebrieren. Aufgrund der fehlenden Geschlechtsorgane sprechen Eunuchen mit einer Falsettstimme. Sie kleiden sich in bunte Seidenroben und gehen auf Stelzenschuhen, was ihnen einen schwankenden Gang verleiht. Ihr Gesicht ist stark geschminkt und der Körper mit berauschenden Düften parfümiert. Im Alter ähnelt die Haut der Eunuchen der alter Frauen.

Am Hofe in Xianyang leben unzählige Eunuchen mit unterschiedlichsten Aufgaben. Da sind zum einen diejenigen, welche die Haushaltsaufgaben verrichten und sich um die persönlichen Bedürfnisse der Bewohner kümmern. Dann gibt es Eunuchen, die nur in den Palästen der Konkubinen leben und über deren Keuschheit wachen. Qin Shihuangdi hat, soweit die Quellen berichten, keine offizielle Ehefrau. Es wird vermutet, dass er durch den Betrug seiner Mutter ein negatives Bild von Frauen entwickelt hat und ihm keine gut genug erscheint, um an seiner Seite als Kaiserin zu leben. Da er aber einen männlichen Nachkommen zeugen muss und außerdem der Ansicht ist, dass häufiger Sex das Leben verlängert, hält er sich ausreichend Konkubinen. Aus dem ganzen Reich führt man ihm unzählige hübsche Jungfrauen zu, mit denen er mehr als zwanzig Kinder zeugt.

Die Eunuchen am Hof fungieren auch häufig als Lehrer der Prinzen bzw. der noch minderjährigen Könige. Dabei entsteht ein besonderes Vertrauensverhältnis, und nicht selten erreichen Eunuchen Machtpositionen. Wie die Geschichte zeigt, ist der Einfluss von Zhao Gao auf Ying Zheng, den Knabenkönig und späteren Kaiser, so stark, dass seine Ränkespiele zum Untergang der Qin-Dynastie führen.

In Xianyang befinden sich vier kaiserliche Paläste nahe beim Shanling-Park (dem „Obersten Park"), in dem sich der Kaiser exotische Tiere aus allen Teilen seines Reiches und aus der Wildnis jenseits der Grenzen hält. In diesem Park gibt es Seen, auf denen Enten und Schwäne ihre Bahnen ziehen, hier sind Wälder, in denen Hirsche grasen, wo aber auch ab und zu ein Elefant zu sehen ist oder ein Tiger auf Beute lauert. Der Kaiser liebt diesen Ort zum Jagen, unternimmt hier aber auch Bootsfahrten mit seinen Gespielinnen oder besucht einen Tempel, um den Göttern zu huldigen. Doch des Monarchen Wunsch nach Zurschaustellung seiner Größe kennt keine Grenzen, und im Jahre 212 v. Chr., dem 35. Jahr seiner Herrschaft, plant er ein neues Bauvorhaben. Dazu ruft er seine Palastarchitekten zusammen und gibt ihnen die folgende Anweisung:

Ein Auftrag

Ich möchte im Shanling-Park einen neuen Palastkomplex haben, den ich „Epang-Palast" (den „nahe gelegenen Palast") nennen werde. Diese Anlage wird alles bisher Dagewesene übertreffen. Das Hauptportal soll in den Gipfeln der Nan-Berge liegen. Von dort aus führt eine überdachte Brücke mit Säulen über den Fluss Wei bis hierhin, in meine Stadt Xianyang. Die Säulen und das Dach der Brücke werden rot gestrichen, die Wände bemalt. Ich sehe in dieser Konstruktion eine Verbindung vom Himmelspol über die Milchstraße (Fluss Wei) zu den kaiserlichen Gemächern. Diese Verbindung wird glücksverheißend sein!

Als erstes muss die „Große Halle" gebaut werden. Sie soll später mindestens 10.000 Menschen fassen können, die mir, ihrem Herrscher, dort Ehrerbietung erweisen und meine Anweisungen hören werden. Gebt sofort den Arbeitern Order, besondere Ziegel für den Fussboden herzustellen, in welche Motive eingraviert sind. Ich denke dabei an Blätter, Sonnenblumen, Tiere und Sprüche. Die Inschriften können denen auf meinen Gedenkstelen ähneln, nur kürzer sollten sie sein. Vielleicht folgendermaßen:

> **Im Kaiserreich leben viele Menschen,
> die Ernte ist reif, möge keiner hungrig sein!**

Und nun an die Arbeit!

700.000 zwangsverpflichtete Arbeiter und Sträflinge bauen zur gleichen Zeit an diesem neuen Palast des Kaisers und an seinem Mausoleum. Qin Shihuangdi ist sich bewusst, dass er viele Feinde hat, und abergläubisch wie er ist, leidet er unter der Horrorvision, dass all die Menschen, denen er den Tod gebracht hat, ihn im Jenseits erwarten. Deshalb braucht er für die spirituelle Welt eine spirituelle Armee; mächtig, furchteinflößend und unschlagbar. Er handelt gemäß dem Sprichwort:

„Sieh den Tod an wie das Leben!"

Der Gottgesandte spricht: „Für mein Mausoleum will ich eine starke Armee haben. Mit meinen Architekten und Handwerkern habe ich Folgendes beschlossen:

Die Krieger werden eine Durchschnittsgröße von 1,8m und ein Gewicht von 110kg-300kg haben. Auch ihre Pferde sollen groß und stark werden: ca. 1,7m hoch und 2m lang. Folgendermaßen muss vorgegangen werden. Zuerst wird aus Tonschlick in einer Form eine quadratische Basisplatte konstruiert, auf der die Figur stehen kann, darauf werden dann Füße, Beine und Rumpf in Platten- und Wulstbandverfahren geformt. Die vorgefertigten Arme werden mit Schlick am Rumpf befestigt. Der Kopf wird aus zwei Hälften geformt und dann zusammengesetzt. Einzelne Partien, wie Ohren, Bärte und Kopfputz müssen extra gestaltet und angesetzt werden. Anschließend wird jede Figur in Feinbearbeitung mit individuellen Gesichtszügen versehen, denn ich möchte eine möglichst lebensechte Armee haben. Dabei sollen auch die unterschiedlichen Gesichtszüge der vielen Völker meines Reiches berücksichtigt werden. Die gebrannten Skulpturen müssen zum Abschluss farbig angemalt und lasiert werden. Die Soldaten tragen Rüstungen aus Einzelteilen, die aus Eisen oder Leder geformt sind und Schultern, Brust und Bauchpartie schützen. Äußerst wichtig ist, dass die fertigen Kämpfer mit Waffen ausgestattet werden. Alle Waffenschmiede müssen daher umgehend die entsprechenden Hellebarden, Säbel, Dolche und Speere herstellen. Ich verlange, dass alles zügig und genau ausgeführt wird."

Die letzte Reise

Während nun eifrig am Epang-Palast, am Mausoleum und an der Großen Mauer gebaut wird, erinnert sich Qin Shihuangdi an eine seltsame Begegnung, bei der es um eine Opfergabe ging:

Die Jadescheibe

Eines Tages bittet ein Fremder den Kaiser um eine Audienz. Als er den Thronsaal betritt, wirft er sich ehrfürchtig zu Boden und spricht dann:

„Ehrwürdiger Gottgesandter, ich bin ein Bote aus den Östlichen Bergen und mir ist Folgendes geschehen: Als ich auf der Pingshu-Straße in Huayin des Nachts unterwegs war, hielt mich ein Mann an, der eine Jadescheibe in der Hand hielt. Er sagte: „Nimm diese Scheibe und bring sie dem Herrscher!" Dann fügte er hinzu: „Dieses Jahr wird der Stammdrache sterben!" Als ich ihn fragen wollte, was das alles bedeutet, legte der Mann die Scheibe auf den Boden und verschwand. Deshalb bin ich hier. Ich bringe euch die Jadescheibe."

Der Kaiser überlegt eine ganze Weile und murmelt dann: „Berggeister können die Zukunft nur für ein einziges Jahr vorhersagen!" Daraufhin zieht er sich zurück und überlegt: „Stammdrache bedeutet: Der erste aller Menschen. Und das bin ich! Diese Scheibe muss sofort untersucht werden."

Der kaiserliche Schatzmeister stellt fest, dass es sich um die Jadescheibe handelt, die Qin Shihuangdi im Jahre 219 v. Chr. auf einer Inspektionsreise als Opfergabe in den Yangzi geworfen hat. Der Hof ist sehr beunruhigt, denn Wasser ist das Element der Dynastie, und wenn das Wasser die Opfergabe zurückschickt, dann scheinen die Götter mit dem Kaiser unzufrieden zu sein.

Qin Shihuangdi muss mehr herausfinden und lässt die Orakelknochen befragen. Man teilt ihm mit, dass in diesem Jahr die Zeit für Umsiedlungen und Reisen sehr günstig sei, und sofort macht er seine Pläne. Nach Rücksprache mit seinem Kanzler Li Si lässt der Herrscher zuerst 30.000 Familien von Beihe nach Yuzhong umsiedeln und begibt sich dann auf seine nächste Inspektionsreise.

Wieder ist ein ganzer Tross unterwegs. Der Kaiser nimmt fast seine gesamte Regierung mit, denn er will die Kontrolle nicht verlieren. Es begleiten ihn deshalb neun Minister und eine unbekannte Zahl von Assistenten, Familien und Konkubinen. Alle reisen in von vier Pferden gezogenen Kutschen; dazu kommen Truppen und Herden von Reservepferden. Als Vertraute sind wieder der Kanzler Li Si und der Eunuch Zhao Gao dabei. Diesmal darf ebenfalls sein Lieblingssohn Hu Hai mitfahren, denn er hat den Vater flehentlich um diese Reise gebeten. Zhao Gao fungiert als Hauslehrer des Prinzen. Weiterhin ist er der Leiter einer Gruppe Eunuchen und hat das wichtige Amt inne, den Ein- und Ausgang von kaiserlichen Dokumenten zu überwachen. Das wird er sich zunutze machen.

Der Kaiser befiehlt seinen Leuten, Netze und Seile einzupacken, mit denen man große Fische fangen kann. Für sich selbst erbittet er eine Armbrust mit Wiederlader, denn er hat einen seltsamen Traum gehabt.

Der Traum

Eines Morgens erwacht der Kaiser ganz verstört. Ihm träumte, dass er einen schrecklichen Kampf mit einem Seegeist in menschlicher Gestalt ausfechten musste. Schnell ruft er seine Traumdeuter zu Rate. Sie erklären ihm:

„Wassergeister selbst sind unsichtbar. Sie verwandeln sich in einen riesigen Fisch oder in einen Wasserdrachen und liegen auf der Lauer."

Da denkt der Kaiser: „Ich muss die bösen Geister selbst vertreiben, damit die guten kommen und wirken können."

Dann geht die Reise 350 Kilometer entlang der Küste von Shandong zu einem seiner heiligen Berge, dem Zhifu, in der Nähe des heutigen Yantai. Hier begibt sich der Kaiser an den Strand, watet mit seiner Armbrust in das seichte Wasser und hält Ausschau nach dem Riesenfisch. Und wirklich, es kommt ein ganzer Schwarm Fische angeschwommen. Qin Shihuangdi konzentriert sich auf den größten, zielt und feuert ab. Getroffen! Die Höflinge applaudieren. Der Feind scheint besiegt.

Weiter führt die Reise nach Westen in Richtung Penglai, denn nun, nachdem er das vermeintliche Seeungeheuer getötet hat, will Qin Shihuangdi selbst nach den Kräutern der Unsterblichkeit suchen. Der Konvoy fährt durch eine fantastische Gegend. Eine Reihe von Inseln sind zu sehen, manche nah, andere fern, auch entstehen hier des Öfteren Meeresspiegelungen, bei denen man Berge, Bäume und zuweilen selbst menschliche Gestalten am Himmel schweben sieht. Der Kaiser ist verzaubert, doch die Kräuter findet er nicht.

Nach weiteren 500 Kilometern, an einem Ort namens „Sandhügel", im südlichen Teil der heutigen Provinz Hebei, erkrankt der Gottkaiser ganz plötzlich. Es ist Sommer, sehr heiß, und Qin Shihuangdi merkt, dass es mit ihm zu Ende geht. Noch schnell möchte er seine Nachfolge regeln und ordert Zhao Gao zum Diktat. Folgende Botschaft soll seinen ältesten Sohn erreichen.

„Fu Su, mein Sohn, ich habe die Kräuter, die mir Unsterblichkeit bringen sollen, nicht gefunden. Nun bin ich erkrankt und fühle, dass mein irdisches Leben sich dem Ende zuneigt. Du sollst mein Nachfolger werden! Komm zurück in die Hauptstadt mit den Soldaten von General Meng Tian, damit sie den Trauerzug geleiten. Dann übernimmst du die Vorbereitungen für meine Beisetzung im Mausoleum am Berg Li und regierst später das Reich als Er Shi, der Zweite Kaiser!"

Der listige Eunuch Zhao Gao ist entsetzt über das, was er da hört. Er überlegt: „Was geschieht, wenn Fu Su die Regierung

übernimmt? Ich habe gesehen, wie mutig er ist, denn er scheute sich nicht, die Verbrennung der Bücher zu verdammen, wohl wissend, dass er den Zorn seines Vaters auf sich zieht. Auch sonst ist er zu stark und zu liberal. Was wird aus mir und den Eunuchen, deren Ränkespiele er bald durchschaut haben wird? Ich muss seine Thronbesteigung verhindern! Mein Zögling Hu Hai, der mir gut gesinnt ist und den ich leicht beeinflussen und lenken kann, muss Zweiter Kaiser werden!"

Zhao Gao beschließt den diktierten Brief nicht abzuschicken, sondern eine List anzuwenden. Er entwirft einen zweiten Brief und versieht ihn mit dem kaiserlichen Siegel. In diesem Schreiben werden Meng Tian und Fu Su beschuldigt, ihre militärische Aufgabe nicht planmäßig erfüllt zu haben. Fu Su habe es außerdem an kindlichem Respekt fehlen lassen, indem er die Handlungen seines Vaters kritisierte und sich über seine Verbannung an die Nordgrenze beschwerte. Beide Männer werden angewiesen, ihrem Leben ein Ende zu setzen.

Zhao Gao weiht Hu Hai und Li Si in seinen Plan ein, und obwohl beide Bedenken haben, stimmen sie schließlich doch zu, überzeugt durch die Überredungskünste des Intriganten.

Der Brief reist schnell auf den guten, unter Meng Tians Aufsicht gebauten Straßen. Als er an der nördlichen Mauer ankommt, folgt Fu Su, ein gehorsamer Sohn, sogleich der Order und stürzt sich in sein Schwert. Meng Tian aber kommt die unerwartete Ankunft

eines Boten mit solch wichtiger Nachricht etwas verdächtig vor. Er weigert sich, Selbstmord zu begehen, ehe er nicht davon überzeugt ist, dass es sich wirklich um eine Anweisung des Kaisers handelt.

Bedenken

„Dieser Bote erscheint mir sehr seltsam. Er bringt nur einen Brief mit Siegel, aber wo ist das Erkennungszeichen? Der Kaiser besitzt doch eine zweiteilige Tigerfigur, die innen hohl ist. Das linke Teilstück bleibt immer bei ihm und das rechte müsste der Gesandte mir übergeben. Erst wenn beide genau zusammenpassen, weiß ich, dass es sich um einen vom Kaiser autorisierten Boten handelt; und nur dann kann ich dem Auftrag Glauben schenken. Ich werde mich nicht töten!"

Ob Meng Tian zu diesem Zeitpunkt stirbt, ist zweitrangig, denn der Brief hat seinen eigentlichen Zweck erfüllt – Fu Su, der von Qin Shihuangdi bestimmte Nachfolger, ist aus dem Weg geräumt!

Der Tross macht sich auf die Rückfahrt zur Hauptstadt, aber der Tod des Herrschers wird vorerst verschwiegen. Man fürchtet, eine eventuelle Todesnachricht könnte Aufstände der unterdrückten Bevölkerung sowie der Zwangsarbeiter zur Folge haben. Ein Eunuch, der an Stelle des Verstorbenen spricht, wird in die kaiserliche Karosse gesetzt. Die Täuschung gelingt, da Qin Shihuangdi auch auf dieser Reise immer im Verborgenen geblieben ist und den Wagen nur bei Dunkelheit verlassen hat.

Die Reise dauert sechs Wochen und es ist Sommer. Da der Leichnam nicht einbalsamiert werden kann, beginnt er zu verwesen. Es stinkt. Zhao Gao leidet, denn er muss die Scharade aufrechterhalten, dass er täglich zu Besprechungen von Staatsgeschäften die kaiserliche Karosse aufsucht. Um den Verwesungsgeruch zu überdecken bzw. zu erklären, wird dem Konvoy ein Wagen mit gesalzenem, stinkendem Fisch hinzugefügt; es heißt, die Lieblingsspeise des Kaisers sei derzeit gedünstetes Fischfilet mit Langlebenudeln!

Als die Nachricht von Fu Sus Selbstmord schließlich den Konvoy erreicht, kann man auch das Hinscheiden des Ersten Kaisers bekannt geben. Im September des Jahres 210 v. Chr. erreicht der Zug schließlich die Hauptstadt. Unverzüglich muss nun das Mausoleum fertig gestellt werden, und alles geschieht im Wesentlichen so, wie es der Verstorbene schon geplant hatte. Die Terrakotta-Soldaten stehen zum Schutze bereit. Der Erste Kaiser wird in seinem Mausoleum auf dem Berg Li zu Grabe getragen.

Prinz Hu Hai, der sich nun „Qin Er Shi" („Zweiter Erhabener Gottkaiser") nennt, verfügt, dass in das Grabmal auch alle Konkubinen seines Vaters, die kinderlos sind, mit eingeschlossen werden. Das Gleiche gilt für die Handwerker, die am Bau mitgearbeitet haben; niemand soll etwas über das Wunderwerk verraten können.

IV. Die Nachfolge

Hu Hai - Der Zweite Kaiser

Hu Hai oder Er Shi ist zwanzig Jahre alt, als er das Erbe seines Vaters antritt. Er ist ein unentschlossener, schwacher Mann, der sich von seinem skrupellosen und ehrgeizigen Lehrer, dem Eunuchen Zhao Gao, beraten und beherrschen lässt. Zhao Gao erhöht als erstes die schon fast unerträglichen Steuern und veranlasst, dass die Gesetze weiter verschärft werden. Nun kann er alle möglichen Opponenten und Rivalen aus dem Weg räumen und Platz für seine eigenen Verwandten schaffen. Zuerst entledigt er sich der kaiserlichen Familie; zwölf ältere Brüder von Hu Hai müssen ihr Leben lassen.

Todeskandidaten

Kurz nach der Thronbesteigung werden eines Tages drei Brüder des Kaisers ohne Vorwarnung gefangen genommen und nach Xianyang in den Palast gebracht. Dort erscheint nach längerem Warten ein Bote und erklärt: „Ihr habt kriminell gehandelt und werdet deshalb im Morgengrauen hingerichtet!" Die Männer sind sich keiner Schuld bewusst und rufen: „Wir haben niemals mit Zhao Gao gestritten, wir haben an allen Tempelfeierlichkeiten teilgenommen und die vorgeschriebenen Opfer gebracht, und wir haben alle Befehle ohne Murren befolgt, weshalb sollen wir sterben?" Der Bote zuckt mit den Schultern: „Eine Begründung habe ich nicht! Befehl ist Befehl!"

Bald darauf hängen die Leichen der Prinzen wie die ganz normaler Verbrecher auf dem Marktplatz zur Schau.

Auch die Schwestern werden nicht verschont. Der Kaiser erlaubt Zhao Gao, dass zehn von ihnen grausam getötet werden und man ihr Vermögen einzieht. Hierbei geht es nicht vorwiegend um die Prinzessinnen, sondern um deren Ehemänner, die alle Vertraute des Ersten Kaisers waren. Die Angst geht um. Elf Prinzen haben schon ihr Leben gelassen, da glaubt Gao, einer der letzten überlebenden Prinzen, als nächster an der Reihe zu sein.

Ein Opfer

„Ich kann vor Furcht nicht mehr schlafen und würde am liebsten fliehen. Aber wenn ich das tue, wird meine Familie zur Rechenschaft gezogen. Es bleibt mir nichts anderes übrig, als meinem Leben selbst ein Ende zu setzen. Ich schicke meinem Bruder Hu Hai eine Nachricht und bitte ihn, mir zu erlauben, unserem Vater als liebevoller Sohn in den Tod folgen zu dürfen. So werde ich es formulieren:

„Als unser Vater, der frühere Kaiser, noch lebte und es ihm gut ging, hat er mich immer zu sich in den Palast eingeladen und mit köstlichen Speisen verwöhnt. Wenn ich reisen musste, hat er mir Wagen und Begleitung zur Verfügung gestellt; er hat mir auch kostbare Kleidung und Pferde geschenkt. Als er starb, hätte ich ihm als dankbarer Sohn in den Tod folgen sollen. Dass ich es

nicht tat, zeigt, wie sehr ich es an kindlicher Ehrerbietung mangeln ließ. Dieses Versäumnis lässt mich nicht ruhen, und deshalb bitte ich dich, Hu Hai, dass ich nun unserem Vater folgen darf und nahe seinem Grab am Fuße des Berges Li begraben werde."

Der Kaiser genehmigt die Bitte, und auch das Problem der Familienangehörigen ist somit gelöst.

Zhao Gao möchte seine Macht weiter ausbauen und überzeugt Hu Hai, dass die Gesetze abermals verschärft und alle Männer, die Aufruhr schüren könnten, eliminiert werden müssen. Daraufhin ernennt Hu Hai seinen Ratgeber zum „Sonderbotschafter" und erlaubt ihm, jeden gefangen zu nehmen, zu verhören und zu verurteilen, den er im Verdacht hat, illoyal zu sein. Der erste, den es trifft, ist Meng Tian, der große Mauerbauer. Eines Tages kommt ein Bote zu ihm mit folgender Nachricht:

Ihr habt viele Fehler begangen und Euer Bruder Meng Yi war in mehrere Verbrechen verwickelt; unter anderem hat er dem Kaiser abgeraten, Hu Hai zum Nachfolger zu bestimmen. Er wurde deshalb mit dem Tode bestraft.

Da Ihr von seinen Taten wusstet, seid Ihr mitschuldig. Als Zeichen kaiserlicher Gunst ist es Euch jedoch erlaubt, Eurem Leben mit Gift ein Ende zu setzen.

Meng Tian spricht: *„Die Familie Meng hat den Qin-Herrschern drei Generationen lang treu gedient. Mit 300.000 Soldaten unter meinem Kommando an der nördlichen Grenze hätte ich jederzeit eine Rebellion starten können, aber ich wäre lieber gestorben, als die Waffen gegen meinen Kaiser zu richten."*

Überlegend fährt er fort: *„Wenn ich aber an die Große Mauer denke, gibt es in der Tat ein Verbrechen, für welches ich sterbe. Ich habe Wälle und Gräben angelegt, die bei Lin-t'ao beginnen und sich über mehr als 10.000 Li bis Liao-tung erstrecken, und bei diesen Entfernungen ist es ganz unmöglich, dass ich nicht die Adern der Erde durchschnitten habe. Das ist mein Verbrechen, und dafür werde ich sterben."*

Nachdem nun der einflussreiche Meng Tian aus dem Weg geschafft ist, will Zhao Gao wissen, wie viele der Minister ihn unterstützen und wie viele gegen ihn sind. Lange überlegt er, bis ihm schließlich eine perfide Idee kommt.

Pferd oder Hirsch

Eines Morgens, nach Ende der Ministerkonferenz, bittet Zhao Gao alle Anwesenden noch zu bleiben. Er wendet sich an den Kaiser:

„Majestät, jemand aus dem Norden hat mir ein seltsames Tier geschickt, das ich nicht für mich behalten will. Ich möchte es Ih-

nen schenken." Der Kaiser befiehlt, dass das Tier herbei gebracht wird, und schon öffnet sich die Tür, und Diener schieben einen Käfig in den Saal.

Da lacht Er Shi: „Das ist doch ein Hirsch. Viele dieser Hirsche grasen in unserem Shanling Park. Wieso soll das ein seltsames Tier sein?"

Daraufhin behauptet Zhao Gao: „Aber nein, hier handelt es sich um ein Linhu-Pferd, das mir aus dem Norden des Landes geschickt wurde; es ist einzigartig!"

Der Kaiser schaut sich den Hirsch genauer an und spricht: „Das muss ein Witz sein. Dieses Tier hat schlanke Beine, einen kurzen Stummelschwanz, ein braunes Fell mit weißen Punkten und ein gegabeltes Geweih auf dem Haupt. Natürlich ist es ein Hirsch!"

Ohne mit der Wimper zu zucken erwidert Zhao Gao: „Könnten Ihre Majestät bitte genauer hinschauen? Es ist ein Tausend-Meilen-Pferd."

Verwundert betrachtet der Kaiser den Hirsch noch einmal nachdenklich und fragt dann: „Wie kann es denn angehen, dass auf dem Kopf eines Pferdes ein Geweih wächst?"

Zhao Gao beantwortet die Frage nicht, sondern wendet sich an die Minister und sagt laut: „Wenn Eure Majestät mir nicht glauben, könnt Ihr die Minister fragen."

Die Minister wissen nicht, was Zhao Gao im Schilde führt. Etliche wagen nichts zu sagen, manche, die es sich mit Zhao Gao nicht verderben wollen, rufen: „Es ist wirklich ein Pferd!"

Nach der Audienz weiß Zhao Gao, wer ihn unterstützen wird. Alle anderen lässt er bestrafen, und über kurz oder lang sind sie nicht mehr am Leben.

Der Zweite Kaiser ist nach diesem Ereignis äußerst verunsichert, insbesondere da Zhao Gao behauptet, er leide an Wahnvorstellungen. Listig schlägt der Eunuch Hu Hai deshalb vor, er solle sich vorerst im Palast aufhalten, sich mit den Konkubinen vergnügen oder Jagdausflüge machen; sich jedenfalls von den Regierungsgeschäften fern halten.

Damit ist für Zhao Gao der Weg frei, seinen Erzrivalen Li Si aus dem Weg zu räumen. Durch Intrigen und falsche Anschuldigungen gelingt es ihm, den langjährigen Staatsmann und Ratgeber beim Herrscher in Misskredit zu bringen. Er beschuldigt Li Si und dessen Sohn, Banditen aus dem Staate Chu zu unterstützen und eine Rebellion anzuzetteln. Der schon betagte Staatsminister wird zu 1000 Stockhieben verurteilt, und als er die Schmerzen nicht mehr aushalten kann, legt er ein falsches Geständnis ab. Nun muss Hu Hai das Todesurteil unterschreiben.

Anfang August 208 v. Chr. wird Li Si auf dem Marktplatz von Xianyang quer durchtrennt. Sein einziger noch lebender Sohn wird mit ihm zusammen hingerichtet und seine Sippe bis zum letzten Glied ausgemerzt.

Nach Sima Qian sollen die letzten Worte des einst so mächtigen Staatsmannes, die er an seinen Sohn richtet, lauten:

„Selbst wenn wir beide wünschten, einen gelben Hund an der Leine zu führen und aus dem Osttor hinauszuziehen, um den flinken Hasen zu jagen, könnten wir das wirklich tun?" Daraufhin weinten Vater und Sohn.

Währenddessen leidet das Volk mehr und mehr unter den strengen Gesetzen und verschärften Steuerabgaben; schließlich kommt es zu Aufständen. Im Jahre 207 v. Chr. begeht der zweite Kaiser aus Angst vor Rebellen und getrieben von seinem Minister Selbstmord. Das Ende der Qin-Dynastie ist nahe.

Zi Ying - Herrscher für 46 Tage

Nach dem Tod des Zweiten Kaisers lässt Zhao Gao diesen wie einen ganz normalen Bürger begraben und schlägt dann den Prinzen Zi Ying, einen Neffen des Ersten Kaisers, als neuen Herrscher vor. Gerne würde er sich selbst zum König von Qin ernennen, aber er muss erkennen, dass ihm niemand Gefolgschaft leisten würde. So ordnet Zhao Gao an, dass Zi Ying als Vorbereitung zur Thronübernahme fünf Tage lang in seinem Palast fasten muss. Gereinigt soll er sich anschließend im königlichen Ahnentempel einfinden, um dort das Jadesiegel zu erhalten.

Zweifel

Prinz Zi Ying misstraut Zhao Gao. Er ruft seine Söhne zu sich und spricht: „Ich habe aus verlässlichen Quellen gehört, dass sich Zhao Gao mit Liu Bang, dem Kommandeur einer der beiden mächtigsten Rebellengruppen, verbündet hat. Wahrscheinlich will er diesen zum König bestimmen, was heißt, dass ich vorher sterben muss. Ich werde deshalb vorgeben, krank zu sein, und nicht zu dem Treffen im Ahnentempel gehen. Wenn ich dort nicht erscheine, wird er mich hier aufsuchen, und dann brauche ich eure Hilfe. Wir müssen den Verräter und Intriganten hier zur Strecke bringen!"

Wie vorausgesagt kommt Zhao Gao höchstpersönlich zum Palast und wird dort sogleich von Soldaten umringt und geköpft.

Das Ende der Qin-Dynastie

Doch nur 46 Tage nachdem Prinz Zi Ying die Regentschaft von Qin übernommen hat, erreicht der Rebell Liu Bang mit seiner Armee die Stadt Xianyang. Er schickt Boten zum König mit der Aufforderung sich zu ergeben. Zi Ying leistet keinen Widerstand. Zum Zeichen seiner Unterwerfung bindet er sich ein weißes Seidentuch um den Hals und fährt mit einer offenen weißen Kutsche, die Trauer symbolisiert, zu einem Treffen mit Liu Bang. Dort händigt er diesem das Jadesiegel und die Tigerhälften aus.

Zi Ying kann sich jedoch nicht mehr lange seines Lebens erfreuen. Schon einen Monat später steht ein weiterer Aufständiger, General Xiang Yu, mit seinen Truppen vor den Toren von Xianyang.

Xiang Yu ist ein Nachkomme des Adels vom Reiche Chu. Nachdem sein Onkel durch die Soldaten aus Qin ermordet worden ist, übernimmt er dessen Armee und wird bald zum mächtigsten aller Rebellen. Er lässt Zi Ying und die gesamte kaiserliche Familie umbringen. Dann wird die Stadt in Brand gesetzt, der Epang-Palast zerfällt in Schutt und Asche und die letzten Exemplare der Sammlung der verbotenen Bücher aus der kaiserlichen Bibliothek gehen verloren. Schließlich finden marodierende Soldaten den Grabhügel, öffnen und plündern ihn; es heißt, 300.000 Menschen tragen dreißig Tage lang Schätze aus der Anlage fort. Eine Legende erzählt von der endgültigen Zerstörung des Wunderwerks.

Zerfall

In dem ganzen Tumult haben Schäfer in der Nähe des Lishan ihre Herde aus den Augen verloren. Als sie die Schafe endlich wieder beisammen haben, stellen sie fest, dass drei Tiere fehlen; sie müssen nach den verirrten Schafen suchen.

Ängstlich betreten die Männer mit Fackeln die dunklen Gänge des Grabhügels. Furchtsam tasten sie sich vorwärts. Plötzlich kommt ein Windstoß und die züngelnden Flammen fressen sich in die hölzernen Konstruktionen. Es glimmt und kurz darauf entsteht ein gewaltiges Feuer, bei dem die Grabanlage vollständig ausbrennt. Glühende Balken stürzen zu Boden, zerschlagen und begraben die tönernen Soldaten des Ersten Kaisers. 90 Tage lang hängen dunkle Rauchschwaden über dem Berg Lishan.

Die friedlichste Armee der Welt liegt geschlagen am Boden.

Die Qin Dynastie, die im Jahre 221 v. Chr. vom Ersten Kaiser gegründet wurde und entsprechend seiner Vorstellung 10.000 Generationen lang herrschen sollte, endet im Jahre 206 v. Chr. nur drei Jahre nach seinem Tod.

Liu Bang kehrt wenige Jahre später zurück und lässt am gegenüberliegenden Ufer des Wei die Stadt Chang'an (das heutige Xi'an) erbauen. Sie wird zur Hauptstadt der Han-Dynastie, die 400 Jahre lang existiert und deren Erster Kaiser Gaodi, dieser frühere Rebell Liu Bang, einer der großen Helden der chinesischen Geschichte wird.

Auch wenn die Qin-Dynastie schon nach kurzer Zeit verschwand, haben dieser kleine aggressive Staat und sein despotischer Herrscher dafür gesorgt, dass ein riesiges geeintes Reich entstand. Dieses Reich trägt bis zum heutigen Tage den Namen „China".

Der Erste Kaiser hat zwar weder die verwunschenen Jadefrüchte noch die Kräuter der Unsterblichkeit gefunden, er ist jedoch durch seine Terrakotta-Armee auch im 21. Jahrhundert noch äußerst lebendig. Nur Mutmaßungen gibt es über seine Grabkammer, die bis heute unangetastet ist. Im Umfeld schlummern außerdem noch zahlreiche Funde. Neben der Grabpyramide entdeckte man 61 Begleitgräber, an denen Archäologen und Wissenschaftler forschen. Wir können weiterhin gespannt sein.

Nachwort

Die Beurteilungen des Ersten Kaisers waren zu allen Zeiten zwiespältig. Zum einen sieht man in ihm den großen Staatsmann, der das Reich geeint und China gegründet hat; andererseits gilt er als grausamer Despot, verantwortlich für den Tod von Millionen.

Zu Zeiten von Mao Zedong erscheint Qin Shihuangdi plötzlich in einem positiven Licht. Mao erklärt den Reichseiner zu seinem Vorbild. Er preist ihn als einen Herrscher, der sich auf die Gegenwart konzentriert und die Vergangenheit außer Acht lässt. Dabei geht Mao sogar so weit, sich selbst über den Ersten Kaiser zu stellen. Auf einer Versammlung ruft er: „Wer ist dieser Qin Shihuangdi eigentlich? Er soll 460 Gelehrte lebendig begraben haben, wir haben mindestens 46.000 Konterrevolutionäre während unserer Kampagnen getötet." Unzählige Artikel erscheinen in den Zeitungen, und der Autor Hong Shidi verfasst eine wohlwollende Biografie über den Ersten Kaiser, von der zwei Millionen Exemplare verkauft werden. Nach Maos Tod ist dann vom Ersten Kaiser nicht mehr oft die Rede. Erst die Entdeckung der Terrakotta-Armee und ständig neue Funde von Archäologen und Wissenschaftlern rücken ihn wieder in das Interesse der Öffentlichkeit und zeigen eine weitere Facette dieses erstaunlichen Menschen, von der weder die Aufzeichnungen von Sima Qian noch die Grabfunde in der Provinz Hubei Aufschluss gegeben haben.

Bei der Fertigstellung dieses Buches habe ich viel Unterstützung erfahren. Meine Jugendfreundin Dr. Heike Doane schickte mir Referenzen in englischer Sprache aus Amerika und begleitete den Schreibprozess. Die Familie in Hongkong stöberte in Büchereien und Buchhandlungen. Valerie, meine Enkelin, machte eine Klassenfahrt nach Xi'an und teilte mit mir ihre Unterlagen. Mein Mann Heinz Otto Döringer fotografierte die Krieger an unterschiedlichen Orten. Er und meine Freundin, die Wissenschaftlerin Margret Kessler, hörten sich stets bereitwillig meine Geschichten an und lasen Korrektur. Frau Beate Horlemann übernahm freundlicherweise das Lektorat, und Herr Manfred Brand gestaltete professionell Text und Einband und führte die Verhandlungen mit dem Verlag. Dank sei allen, die mir mit Rat und Tat zur Seite standen.

Reich sind die, die wahre Freunde haben

(Thomas Fuller, britischer Historiker, 1608-1661)

Personenverzeichnis

Sima Qian: *Chinesischer Geschichtsschreiber*

Prinz Anguo: *Vater von Yiren*

Huayang: *Lieblingsfrau von Prinz Anguo*

Yiren: *Sohn von Kronprinz Anguo, Geisel in Zhao, Vater von Ying Zheng, später König Zhuang Xiang von Qin*

Lü Buwei: *Pferdehändler, Vertrauter von Yiren, später Kanzler bei König Zheng von Qin*

Zhao Ji: *Geliebte von Lü Buwei, später Ehefrau von Yiren*

Ying Zheng: *Sohn von Yiren und Zhao Ji, später König Zheng von Qin – schließlich Qin Shihuangdi, der Erste Kaiser*

Zhao Gao: *Sohn von Zhao Sheng, Jugendfreund von Ying Zheng, später Oberster Eunuch im Kaiserreich*

Li Si: *Legalist, Lehrer und Berater des Kaisers*

Lao Ai:	*Geliebter von Zhao Ji*
Jing Ke:	*1. Attentäter*
Gao Jiangli:	*2. Attentäter*
Cang Hai Gong:	*3. Attentäter*
Meng Tian:	*Architekt und Mauerbauer*
Fu Su:	*Ältester Sohn von Kaiser Qin Shihuangdi*
Hu Hai (Er Shi):	*Nachfolger von Qin Shihuangdi – Zweiter Kaiser*
Zi Ying:	*Herrscher für 46 Tage*
Lui Bang:	*Führer von Aufständischen*
Xiang Yu:	*Führer von Aufständischen*

Zeitlinie der Qin-Dynastie

259 v. Chr.	Ying Zheng wird geboren
250	Lü Buwei wird Premierminister
249	Zhuang Xiang wird zum König von Qin gekrönt
247	König Zhuang Xiang stirbt
246	Ying Zheng wird Knaben-König Li Si kommt nach Qin
238	Ying Zheng wird offiziell „König Zheng von Qin"
238	Lao Ai plant eine Rebellion
235	Lü Buwei verliert seine Position und begeht Selbstmord
230	Das Königreich Han wird besiegt
230-221	Sieg über die Reiche Zhao (228), Wei (225), Chu (223), Yan (222), Qi (221)

227	Attentat durch Jing Ke mit einem vergifteten Dolch
221	Ying Zheng ernennt sich zum Ersten Kaiser – Qin Shihuangdi-Grabanlage am Berg Li wird erstmals erwähnt
220	Attentat durch den Musiker Gao Jiangli
219	Besuch des Berges Tai Shan – Expedition nach Penglai
218	Attentat durch den Steinwerfer Cang Hai Gong
216	Nächtlicher Überfall in Xianyang durch Straßenräuber
214	Meng Tian wird zum Mauerbau nach Norden gesandt
213	Verbrennung der Bücher
212	Tod der Gelehrten

211	Letzte große Inspektionsreise
	Ein Meteorit fällt vom Himmel
210	Der Erste Kaiser stirbt
208	Li Si wird hingerichtet
206	Das Ende der Qin-Dynastie
" "	Hu Hai – der Zweite Kaiser – begeht Selbstmord
" "	Prinz Zi Ying regiert 46 Tage
" "	Zhao Gao wird ermordet
" "	Lui Bang erobert die Stadt
" "	Die Terrakotta-Armee wird zerstört

Quellenverzeichnis

Bücher in deutscher Sprache

Cao Jun, „Macht im Tode", Xi'aner Verlag, Xi'an, China 2006

Fenby, J., „Das chinesische Kaiserreich", National Gographic, Hamburg, Deutschland, 2010

Gu Sheng-qing, „Sprichwörter und Lehrgeschichten der Chinesen", Eugen Diederichs Verlag, Köln, Deutschland, 1985

Ledderose, L. & Schlombs, A., „Jenseits der Großen Mauer", Bertelsmann Lexikon Verlag, Gütersloh/München, Deutschland, 1990

Lovell, J., „Die Große Mauer", Konrad Theiss Verlag, Stuttgart, Deutschland, 2006

Rademacher, Cai in „Das Alte China", GEOEPOCHE Nr. 8, Gruner & Jahr, Hamburg, Deutschland, 2002

Weltbild Verlag „DIE GROSSE MAUER Geschichte, Kultur-und Sozialgeschichte Chinas", Weltbild Verlag GmbH, Augsburg, Deutschland, 1990

„Weisheitsbuch der alten Chinesen – Frühling und Herbst des Lü Buwei", übersetzt von Richard Wilhelm, Anaconda Verlag, Köln, Deutschland, 2015

Romane:

Frèches, J., „ Die Himmelspferde", Limes Verlag, München, Deutschland, 2004

Frèches, J., „Jademond", Limes Verlag, München, Deutschland, 2005

Frèches, J., „Die Dracheninseln", Limes Verlag, München, Deutschland, 2006

<u>Bücher in englischer Sprache</u>

Ciarla, R., Hsg., "The Eternal Army"; White Star Publishers, Vercelli, Italy, 2006

Clements, J., "The First Emperor of China", Sutton Publishing, Thrupp, Stroud, Great Britain, 2006

Cotterell, A., "The First Emperor of China", Penguin Books, London, Great Britain, 1981

Cottrell, L., "The Tiger of Ch'in", Evans Brothers Limited, London, Great Britain, 1962

Gascoigne, B., "The Dynasties of China"; Constable & Robinson Ltd, London, Great Britain, 2003

Geil, W. E., "The Great Wall of China", Classical Reprint Series, Forgotten Books, 2012

Guisso, R.W.L., "The First Emperor of China", Stoddard Publishing Comp., Toronto, Canada, 1989

Holdsworth, M., "Warriors of Ancient China", Form Asia Books Limited, Hong Kong, 2004

Kleeman, T., & Barrett, T., "The Ancient Chinese World", Oxford University Press, New York, USA, 2005

Lewis, M. E., "The Early Chinese Empires Qin and Han", The Belknap Press of Harvard University Press, Cambridge, Mass., USA, 2007

Loewe, M., "The Government of the Qin and Han Empires 221 BCE-220 CE", Hackett Publishing, Indianapolis, USA, 2006

Mah, Y. A., "A Thousand Pieces of Gold", Harper Perennial, London, Great Britain, 2002

Man, J., "The Terracotta Army", Bantam Books, London, Great Britain, 2007

Paludan, A., "Chronicle of the Chinese Emperors", Thames & Hudson Ltd., London, Great Britain, 2008

Pancella, P., "Qin Shi Huangdi", Heinemann Library, Chicago, 2004

Portal, J., Qingbo D., "The First Emperor: China's Terracotta Army", The British Museum Press, London, Great Britain, 2007

Rollason, J., "The First Emperor of China", Pearson Education Ltd., Harlow, Great Britain, 2010

Sima Qian, "The First Emperor" Selections from the *Historical Records*, Oxford World's Classics, Oxford University Press, Oxford, Great Britain, 2009

Wood, F., "The First Emperor of China", Profile Books Ltd., London, Great Britain, 2008

Yuan Yang, Xiao Ding, "Tales of Emperor Qin Shihuang", Foreign Languages Press, Beijing, China, 1999

Zang Yun, "China's First Emperor and his Terra-Cotta Army", Shaanxi Travel Tourism Press, China, 2006

Autorenporträt

Heide-Renate Döringer, Dr. phil., ist promovierte Linguistin und Poesiepädagogin. Sie unterrichtete während vieler Jahre Deutsch und Englisch an der Frankfurt International School in Oberursel / Taunus. Die Begegnung mit Menschen verschiedener Nationalität hat sie immer fasziniert und dazu inspiriert, die Welt zu erkunden. Ihre Erlebnisse und Empfindungen auf Reisen hält sie in Tagebüchern und Gedichten fest. Ein Gastsemester als Dozentin an der Fremdsprachenuniversität in Xi'an / China im Jahre 2008 bot ihr Gelegenheit, die Menschen und die Geschichte des faszinierenden Landes näher kennenzulernen. Seitdem befasst sie sich intensiv mit verschiedenen Aspekten dieser Jahrtausende alten Kultur und sammelt dazu Mythen, Märchen und Legenden.

Veröffentlichungen zu diesem Thema:

„**Der Himmel liebt Menschen, die gerne essen**" Eine kulinarische Reise durch China mit Gerichten und ihren Geschichten, Horlemann Verlag, 2008

„**Himmlische Mächte und Irdische Feste**" Durch das Mondjahr mit Mythen, Märchen und Legenden, Horlemann Verlag, 2011

„**Seide**" Gesponnene Geschichten entlang der Seidenstraße, BoD Norderstedt, 2013

„**Chinesische Drachen**" Mythen-Märchen-Legenden aus dem Reich der Mitte, BoD Norderstedt, 2015

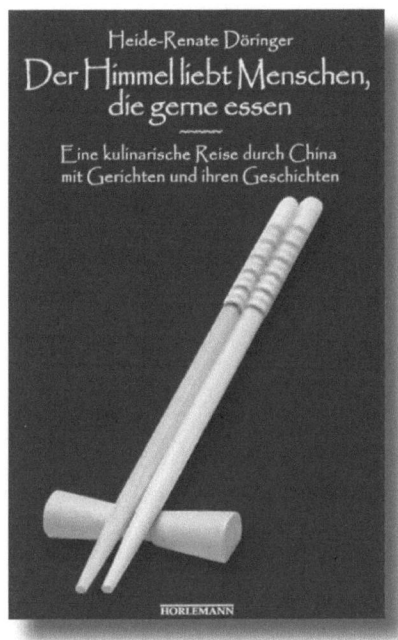

Heide-Renate Döringer

Der Himmel liebt Menschen, die gerne essen

Eine kulinarische Reise durch China mit Gerichten und ihren Geschichten
180 Seiten, Broschur, zahlr. s/w-Fotos u. Karten, 12,90 €
ISBN 978-3-89502-281-4

Wie kommt es, dass ein aufwendig zubereitetes, köstliches Mahl „Bettlerhuhn" heißt? Was kann sich hinter „Buddha springt über die Mauer" verstecken? Die große Bedeutung des Essens für die Chinesen und der poetische Name vieler Speisen wecken Neugier. Und so beschloss die Autorin, sich mit diesem Thema näher zu befassen. Sie machte sich auf die Suche nach Volksmärchen, Legenden und Anekdoten, Redewendungen und Sprichwörtern, die von den Grundnahrungsmitteln der Chinesen und vom Ursprung oder geschichtlichen Hintergrund bestimmter Gerichte erzählen.

Heide-Renate Döringer

Himmlische Mächte und irdische Feste

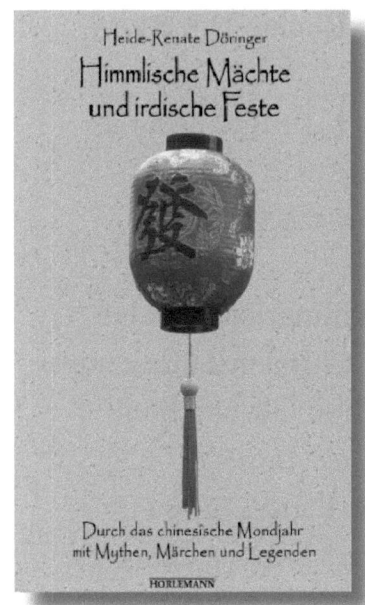

Durch das Mondjahr mit Mythen, Märchen und Legenden
208 Seiten, Broschur, zahlr. s/w-Fotos u. Karten, 14,90 €
ISBN 978-3-89502-314-9

Das kulturelle Leben aller Chinesen ist geprägt durch traditionelle Feste, die sich nach dem Mondkalender richten. In jedem Mondmonat werden von Han-Chinesen und ethnischen Minderheiten unterschiedliche Feste gefeiert. Diese wurzeln meist in der Landwirtschaft, da China Jahrtausende lang ein Agrarland war. Eine reichhaltige Ernte und das Ausbleiben bzw. das Überwinden von Naturkatastrophen waren lebensnotwendig. Das Buch erzählt mit Mythen, Sagen und Volkserzählungen vom chinesischen Mondkalender und den Tieren des Zodiaks. Es berichtet vom Glauben an einen himmlischen Pantheon, in dem eine Vielzahl von Göttern herrscht, von Ungeheuern und Plagen, welche die Menschheit heimsuchen, und von Ritualen, mit deren Hilfe die Geister besänftigt und die Gunst der Götter beschworen werden. Die von Generation zu Generation weitergegebenen Geschichten schenken dem Leser interessante Einblicke in eine mythische, farbenfrohe Welt jenseits des schnellen Fortschritts und der Staatsmacht.

Heide-Renate Döringer

Seide

Mythen - Märchen - Legenden
Gesponnene Geschichten entlang der Seidenstraße
224 Seiten, Broschur, zahlr. s/w-Fotos u. Karten, 14,90 €
ISBN 978-3-73225-402-6
Auch als e-Book erhältlich.

Seide – kostbar, geschmeidig, glänzend, edel, elegant, exotisch, erotisch, verführerisch, faszinierend – ein wundersamer Faden, der seit Jahrtausenden Freude schenkt und Begehrlichkeiten weckt.
Archäologische Funde deuten darauf hin, dass die Seidenkultur im 5. und 4. Jahrtausend vor Christus in China ihren Anfang fand. Von dort reiste die Seide dann seit der Zeit der Han-Dynastie (206 v. Chr.-220 n. Chr.) unaufhaltsam entlang der sogenannten Seidenstraße durch Asien bis nach Europa.
Es gelang den Chinesen viele Jahrhunderte lang, das Geheimnis der Seidenproduktion zu hüten, und so ist es nicht verwunderlich, dass Mythen, Märchen und Legenden entstanden und verbreitet wurden. Auch war das Reisen in früheren Zeiten abenteuerlich und gefährlich, und die zuhause Gebliebenen konnten kaum glauben, was ihnen von fremden Ländern und Menschen berichtet wurde.
Im Buch erzählen Mythen, Märchen und Legenden von der Ent-

deckung der Seide und ihrem Weg nach Europa, sei es entlang der kontinentalen oder auf der maritimen Seidenstraße. Es ist eine Reise durch Zeit und Raum, die schließlich mit Geschichten zur Fallschirmseide im 2. Weltkrieg endet. Die Autorin hat, ebenso wie in ihren beiden vorherigen China-Büchern, diese Geschichten auf Reisen, in Museen und Bibliotheken gesammelt und aufgeschrieben. Viele Fädchen und Fäden liefen zusammen, aus denen schließlich ein faszinierendes Gewebe entstand.

Heide-Renate Döringer

Chinesische Drachen

Mythen - Märchen - Legenden
aus dem Reich der Mitte
148 Seiten, Broschur, zahlr. s/w-Zeichnungen u. Karten, 11,99 €
ISBN 978-3-73578-074-4
Auch als e-Book erhältlich.

Im Gegensatz zu dem furchteinflößenden Drachen im Westen ist der chinesische Drache ein mythisches Wesen, das glücksverheißend und wohltuend wirkt, denn er wird als Regenbringer und Herr der Gewässer angesehen. In einem Agrarland, das von Dürren, Unwettern und Überschwemmungen heimgesucht wurde, nahm er seit Urzeiten im Glauben der Bevölkerung eine bedeutende Stellung ein. Ihm zu Ehren wurden Feste gefeiert und Opfer dargebracht. Drachendarstellungen fanden sich in Palästen und Tempeln, auf Dächern und an Wänden, in Schriften, auf Gemälden, auf Fahnen, auf Porzellan und auf vielfältigen Dingen des täglichen Lebens. Mythen und Legenden ranken sich um dieses mächtige Wesen. Vom Gelben Kaiser erzählt man den Kindern, dass er sich bei seinem Tod in einen Drachen verwandelte und gen Himmel flog. Seit der Zeit ist ein fünfklauiger gelber Drache das Symbol kaiserlicher Macht. Die Geschichten in diesem Buch machen verständlich, warum der mythische Drache auch heute noch allgegenwärtig ist und jedem Besucher Chinas in vielerlei Gestalt begegnet. Voller Stolz bezeichnet sich das Land der Mitte auch als das Land der Drachen und die Chinesen sind Kinder des Drachen. Im chinesischen Tierkreis ist der Drache das wichtigste Zeichen und jeder, der in einem Drachenjahr geboren ist, schätzt sich glücklich. Auch wird ein Drache von Unternehmen gerne als Firmenlogo eingesetzt, denn ganz gleich wie modern das Produkt ist, ein bisschen himmlische Hilfe kann nicht schaden.